YU HUA YING LIE JING SHEN JIE DU

雨花英烈精神解读

南京大学文化与自然遗产研究所
雨花台烈士陵园管理局　编著

江苏人民出版社

图书在版编目（CIP）数据

雨花英烈精神解读 / 南京大学文化与自然遗产研究所，雨花台烈士陵园管理局编著 . -- 南京：江苏人民出版社，2019.1
（2021.4 重印）
　ISBN 978-7-214-22604-4

　Ⅰ．①雨… Ⅱ．①南… ②雨… Ⅲ．①革命烈士—生平事迹—中国 Ⅳ．① K827=6
　中国版本图书馆 CIP 数据核字（2018）第 220630 号

书　　　　名　雨花英烈精神解读

编　　　著　南京大学文化与自然遗产研究所
　　　　　　　雨花台烈士陵园管理局
责 任 编 辑　强　薇
特 约 编 辑　陈　静
装 帧 设 计　殷　俊　　曹　洁
出 版 发 行　江苏人民出版社
出版社地址　南京市湖南路 1 号 A 楼，邮编：210009
出版社网址　http://www.jspph.com
印　　　刷　南京新洲印刷有限公司
开　　　本　718 毫米 ×1000 毫米　1/16
印　　　张　17.5
字　　　数　198 千字
版　　　次　2019 年 1 月第 1 版　　2021 年 4 月第 3 次印刷
标 准 书 号　ISBN 978-7-214-22604-4
定　　　价　68.00 元

（江苏人民出版社图书凡印装错误可向承印厂调换）

目　录

前 言 不朽的雨花英烈精神

人类文化的核心是"精神文化"，优秀精神是人类文化的结晶和支撑人类文明发展的重要力量。

今天，我们为什么要探讨"雨花英烈精神"？是为了不忘初心，传承发展；是为了振奋精神，直面问题；是为了明确方向，不走歪路；是为了忠诚事业，践行使命！

南京雨花台是新民主主义革命时期中国共产党人和爱国志士为理想信念在敌人心脏地区即"首都"开展艰苦斗争、不怕流血牺牲的集中殉难地。从 1926 年至 1949 年南京解放前夕，在雨花台牺牲的烈士数以万计，他们中许多人连姓名都没有留下。根据部分烈士的确凿资料，我们发现，他们来自全国 20 多个省份，其中绝大多数是共产党人；他们有着不同的家庭背景和社会身份，其中许多人出身于富有家庭、受过良好教育，但是他们为了革命事业而牺牲了一切；他们拼搏在与内外敌人斗争的最前线，其中大多数被捕后英勇不屈，慷慨就义。在雨花台牺牲的英烈涵盖了中国共产党的高级领袖、地下党组织工作者、党的情报工作者、农民运动和工人运动领袖、学生运动组织者、抗日武装斗争领导者等，时间上从北伐战争到解放战争，展现了共产党人复杂、苦难的革命斗争历程及为了中华民族的解放事业所作出的巨大牺牲。南京雨花台与上海中共一大会址及嘉兴红船、南昌起义地、井冈山、瑞金、遵义、延安、西柏坡、红岩等革命圣地一道，构成中国共产党在新民主主义革命时期的精神谱系地标和革命文化中心地。

2014年12月，习近平总书记在江苏考察期间发表重要讲话，对"雨花英烈精神"进行了高度概括和肯定，他说："在雨花台留下姓名的烈士就有1519名。他们的事迹展示了共产党人的崇高理想信念、高尚道德情操、为民牺牲的大无畏精神。要注意用好用活丰富的党史资源，使之成为激励人民不断开拓前进的强大精神力量。"2016年7月1日，习近平总书记在纪念建党95周年大会上发表以"不忘初心，继续前进"为主旨的讲话，"雨花英烈精神"恰恰体现了中国共产党人的初心，即崇高的理想信念、高尚的道德情操和大无畏的牺牲精神，是中国特色社会主义"文化自信"中革命文化的重要内涵。党的十九大报告开宗明义指出："中国共产党人的初心和使命，就是为中国人民谋幸福，为中华民族谋复兴。这个初心和使命是激励中国共产党人不断前进的根本动力。"在雨花台牺牲的烈士是成千上万革命先烈的杰出代表，是党的伟大初心的忠诚坚守者和英勇实践者中的一部分。他们的光辉事迹和崇高精神，闪耀着伟大民族精神的光芒，是中国共产党和中华民族极为宝贵的精神财富。

南京在中国近代历史中占有特殊重要地位，它是中国进入近代的标志性事件——中英《南京条约》签订地、太平天国农民起义的政治中心、洋务运动的主要城市、"中华民国"诞生地。从1927年到1949年，先后又成为国民党政权的首都或汪伪政权的都城，一度成为压制、打击中国共产党人革命事业和杀害无产阶级先进分子的白色恐怖核心区。然而，就是在这敌人的心脏里、枪口前和屠刀下，仍有大批革命先烈不惜以生命为代价换取中国的新生、人民的解放和幸福，烈士们对中国共产党人所具有的崇高理想信念、高尚道德情操、为民牺牲的大无畏精神做出了淋漓尽致的诠释，充分凸显了雨花台及雨花英烈精神的独特地位和永恒价值。雨花台烈士陵园内现有以北殉难处、东殉难处、西殉难处、知名烈士墓、烈士遗物等为核心的革命文物资源，以及纪念碑、纪念雕像、纪念馆、忠魂亭、红领巾广场等为核心的纪念设施。雨花台革命文物和革命纪念地具有很高的历史、科学、教育、文化价值，是展现中共党史、中国革命史、中国近现代史的重要证据，凝结着中国共产党和进步人士的奋斗历程与优良传统，承载着不朽的民族优秀文化传统，是当代和未来让共产党人以及广大人民感知爱国主义、革命传统和社会主义乃至共产主义理想信念的生动教材，也是培育和践行社会主义核心价值观的重要基地。

雨花英烈精神是中国共产党人的一面精神旗帜，它是通过雨花英烈的革命事迹概括而来，其深刻内涵是由英烈们的鲜血铸就而成，是传扬于中华大地上催人奋进的中国革命文化乐章里的核心旋律。

第一章 雨花英烈精神的形成与内涵认知

第一节 雨花英烈精神的形成过程

雨花英烈精神形成于中国新民主主义革命时期，贯穿大革命时期、土地革命战争时期、抗日战争时期和解放战争时期。从 1926 年至 1949 年，在这漫长的、艰苦卓绝的革命奋斗历程中，成千上万的革命烈士牺牲于国民党反动统治中心——南京及周边地区，尤其是以在雨花台牺牲的烈士群体最为集中、最为典型和最具代表性。

一批又一批的革命英烈在雨花台抛头颅、洒热血，为中国人民解放英勇就义，为实现社会主义和共产主义的理想慷慨捐躯。这些革命英烈的伟大牺牲和不朽功绩，共同铸就了一首悲壮激昂的革命史诗，为本是地方名胜的南京雨花台赋予了独特而又崇高的英雄主义、爱国主义和理想主义精神，使其一举成为供英雄长眠和世人瞻仰的革命纪念圣地，成为共产党人不忘初心、汲取营养、净化灵魂、砥砺前行的庄严课堂，也成为广大人民群众缅怀和感恩先烈、认知和继承革命文化、培育爱国主义情怀和实干精神的教育基地。

一、在大革命的洪流中

在 1927 年四一二反革命政变[①]发生之前，已经有共产党人和革命志士牺牲于雨花台。

1924 年至 1927 年，中国大地上爆发了轰轰烈烈的反对帝国主义、反对封建军阀的大革命，史称"国民大革命"。为推翻北洋军阀的反动统治，争取民族独立和人民解放，中国共产党依靠和发动工农群众，与国民党合作，挥师北伐。一批共产党人和革命军人在北伐中英勇奋战，用鲜血和生命换来辉煌战果。大革命期间，南京被军阀盘踞，一批共产党人和爱国志士为了革命斗争的胜利，牺牲在反动军阀的屠刀之下，英勇就义于雨花台，成为雨花台最早的革命烈士。如金佛庄、

蒋介石下令查封、解散革命组织和进步团体，大肆捕杀
共产党人和革命人士

---

① 1927 年 4 月 12 日，以蒋介石为首的国民党新右派在上海发动反对国民党左派和共产党的武装政变，大肆屠杀共产党员、国民党左派及革命群众，这就是历史上著名的四一二反革命政变。

顾名世、张霁帆、成律、吴光田等。

二、在土地革命风暴中

1927 年，蒋介石、汪精卫相继背叛革命，大肆屠杀共产党人，党的许多优秀干部、群众运动领袖，成千上万的共产党员、共青团员、投身革命的工人、农民、知识分子以及党外革命人士倒在血泊中，轰轰烈烈的大革命失败，中国共产党所领导的人民革命斗争进入最艰难的年代。但是，英勇的中国共产党人没有被国民党的屠杀政策吓倒，他们冲破反动势力的高压，在黑暗中高举革命的光辉旗帜。一大批战斗在白色恐怖中心和在全国各地从事革命活动的共产党人，以自己的鲜血和生命，捍卫着信仰和使命，他们是雨花台烈士中人数较多的一个群体。如邓中夏、恽代英等就是这一群体的代表。

1927 年 4 月，国民党右派叛变革命，国民党开始逮捕和屠杀中国共产党人。国共关系破裂之初，这种屠杀通常不经过法庭审判，被害者也没有辩护的机会，后随着国民党统治稳定下来，国民党当局逐步改变政策，变直接屠杀为政治高压和感化、诱降并用的政策。首先，国民政府于 1928 年 3 月 9 日公布《暂行反革命治罪法》；1928 年 10 月 12 日公布《共产党人自首法》；1931 年 1 月 31 日，国民政府公布《危害民国紧急治罪法》。其次，扩建、改建、新建监狱，首都卫戍司令部（1931 年改编成宪兵司令部）于 1930 年新建了一座专门关押政治犯和军事犯的中央军人监狱；1931 年南京第一陆军监狱（位于小营）迁移并入中央军人监狱；还有江苏第一监狱，俗称"老虎桥监狱"①；

---

① 张福运：《民国时期的江苏第一监狱》，《民国春秋》1998 年第 4 期。

1936 年 4 月成立首都反省院[1]。最后，公开或秘密杀害政治犯，宪兵司令部位于中华门内道署街（后改称"瞻园路"），出中华门即是雨花台，山岗起伏、林木茂盛的雨花台被选为对革命者执行死刑的刑场。

南京《民生报》经常刊登处决共产党人的新闻，其中大都要提到刑场雨花台。例如，1930 年 9 月 5 日报纸刊登首都卫戍司令部昨日清晨在雨花台枪决男女共产党 8 人，有何月芬、张叔昆、李林泮、罗仲卿、陈景星、石璞、冯爱萍（冯菊芬）等；1930 年 9 月 21 日刊登首都卫戍司令部枪决共产党 5 名，分别是张惠如（石俊）、傅天柱（扈柔）、夏东山、黄瑞生（黄瑞卿）、郭振青；1931 年 5 月 1 日刊登刘纯如等 25 名共产党 4 月 30 日晨被枪决于雨花台等地。[2]在雨花台公开和秘密杀害的共产党员成千上万，烈士鲜血染红了这片悲壮的土地。

南京中央军人监狱旧址

---

[1] 孟国祥：《十年内战中的南京监狱》，《民国春秋》1994 年第 3 期。
[2] 《民生报》，民国十九年九月五日、民国十九年九月二十一日、民国二十年五月一日。

南京宪兵司令部看守所旧址　　　　　　　江苏第一监狱旧址

三、在抗日战争烽火中

1931年，日本帝国主义发动九一八事变，标志着中国人民抗日战争的开始。在民族危难之际，中国共产党高举抗日的旗帜，在东北三省领导抗日武装，依靠群众，直接同日本侵略者进行了极其艰苦的斗争。

1937年7月全面抗战爆发后，中国共产党秉持民族大义，担负起民族救亡的历史重任，倡导建立了以国共合作为基础的抗日民族统一战线。

在14年抗战的烽火岁月里，共产党人和党领导的人民武装，独立自主，英勇作战，为夺取抗日战争胜利作出了重要贡献。抗战后期，国民党顽固派表面上与中国共产党达成一致对外的共识，实际上却联合敌伪势力，对中共抗日军队进行联合绞杀，致使一批新四军将士和抗日志士牺牲在南京雨花台及其周边地区。如孙晓梅、陶家齐、邓振询等。

九一八事变后，全国各地学生汇集南京，向政府请愿，要求出兵抗日

四、在争取和平民主斗争中

抗日战争胜利后，中国面临向何处去的历史性抉择，面对国民党发动内战、撕毁和平协议的背景，广大共产党员和革命志士，胸怀建立新中国的崇高理想和将革命进行到底的坚定信念，或浴血奋战在与国民党反动军队正面交锋的战场，或坚持斗争在充满艰险的秘密战线，或积极投身于伟大正义的学生运动。在这一过程中，许多人倒在革命胜利的黎明之前。

解放战争期间，中国共产党领导的人民军队不断在战场上取得重大胜利，辽沈、淮海、平津三大战役，基本摧毁了国民党赖以维持其反动统治的主要军事力量。在夺取战争胜利的斗争中，军队中有一批共产党人不幸被捕牺牲。他们大多数是在军事行动，特别是在一些重大作战行动中开展瓦解敌军工作时遭遇不测。面对敌人的审讯和死亡的威胁，他们对革命充满必胜信心，气节坚贞，威武不屈，慷慨赴死，大义凛然，显示了党领导的人民军队的政治品质和钢铁意志，如吕惠生、刘亚生、朱克靖、晋夫等。

中华人民共和国成立不久，1949年12月12日，南京市第一届第二次各界人民代表会议做出决议，为缅怀被国民党反动派在雨花台杀害的数以万计的革命先烈，在中华门外一公里许的雨花台兴建人民革命烈士陵园。1950年7月2日，南京市各界人民代表在雨花台主峰举行了奠基破土动工仪式，纪念陵园建设工作由此开始。此后两年中，南京市政府确定了雨花台烈士陵园的基本范围和格局。1952年5月1日，有关部门在雨花台主峰竖立革命烈士奠基纪念碑。1955年在雨花台西南的望江矶附近，中国人民解放军华东军区主持修建了在1941年皖南事变中牺牲的项英、袁国平和周子昆三烈士墓，标志着雨花台烈士陵园烈士墓区的基本形成。

1974年，中共江苏省委和南京市委决定在雨花台北殉难处兴建烈士雕塑群像。1976年夏，建筑大师杨廷宝应邀主持设计雨花台烈士陵园纪念馆。1979年10月，烈士陵园北大门、烈士就义群雕建成。1983年6月，邓小平为"雨花台烈士纪念碑"和"雨花台烈士纪念馆"分别题名。同月，雨花台烈士陵园建设委员会成立，次月，《雨花台烈士陵园总体建设计划任务书》编制完成。1984年，南京市人民政府决定将分散在雨花台烈士陵园内和南京地区的17位烈士的墓集中迁葬于雨花台东峰南麓，形成规整肃穆的雨花台知名烈士墓群。1988 至 1998 年，雨花台烈士纪念馆和雨花台烈士纪念碑先后落成开放。1992 年 12 月 26 日，雨花台纪念碑廊竣工，并向社会开放。至此，以纪念碑、纪念馆为核心的中心纪念区基本建成。雨花台主体建筑的设计与建造长达 42 年之久，前后征集的设计方案多达 500 余个，设计方案之多、历经时间之长、参与人数之广，可谓全国之最。由此可见，作为雨花英烈牺牲地所在的中共江苏省委和南京市委、江苏省和南京市人民政府及各界群众对雨花台烈士陵园建设的高度重视，也体现出新中国对雨花英烈纪念地的深切关怀。

雨花台是为新中国诞生而奉献生命的中华民族优秀儿女英勇事迹的见证地。自雨花台建陵第一年始，南京乃至全国的广大人民群众就表现出怀念雨花台革命烈士的热切意愿和巨大热情。从 1951 年以来，每逢清明，都有江苏省内外的不同机关、团体、个人赴陵园进行祭扫活动。雨花台烈士陵园一经建立，也成为江苏省、南京市乃至全国各地的各级党团组织举行入党宣誓和成人仪式的重要场所。清明时节，新近加入中国共产党的党员到雨花台，面对英烈长眠之地和鲜红的党旗，感怀革命先烈的事迹，举起右手神圣地宣誓，心灵受到彻底的洗礼与净化。随着历史的发展，雨花台烈士陵园逐渐成为南京乃至全国广大人民追思革命英烈、回顾革命历程、学习革命精神、传承革命文化的重要阵地。雨花英烈精神千锤百炼，历久弥新，成为全国各族人民在中国特色社会主义建设与改革、中华民族伟大复兴道路上的重要精神力量、道德标杆和信仰依托。雨花英烈精神和红船精神、井冈山精神、苏区精神、长征精神、延安精神、抗战精神、西柏坡精神等形成了一个共同的革命文化"精神谱系"，汇集了近现代伟大中华民族英烈之魂。

雨花台，作为盘踞在南京的多个反动势力用来集中屠杀全国各地革命志士的执刑场，在时间上涉及了从 1926 年至 1949 年多个历史阶段的革命英烈，在空间上关联了来自于全国 20 多个省份的革命志士，在身份上包纳了被反动势力杀害的共产党人、共青团员、左派人士、进步人士和各界群众。这些先烈在牺牲时，其年龄籍贯、教育程度、所处时段、党内职务皆迥然相异，但因都秉持着共同的爱国理想、坚守着共同的崇高信仰、遵循着共同的道德准则，最终走上了同一条为国捐躯、慨然就义的伟大道路。他们共同构成了雨花英烈群体。只有厘清这一伟大群体的丰富精神世界和多元身份认同，才能深入认识雨花英烈精神产生发展的历史必然性，才能全面理解雨花英烈精神的深刻内涵和丰富价值。

第二节　雨花英烈群体的认知

创造雨花英烈精神的雨花英烈群体代表着一个真正的中华民族革命英烈群体形象。其涉及面宽广，包括从北伐战争、土地革命战争到抗日战争、解放战争多个历史时期的革命烈士；国民革命军、红军、东北抗联、新四军、八路军多支革命军队的牺牲将士；在校青年学生、中共干部、情报人员、政治人物等多种身份的爱国英烈，其中有共产党员，也有非共产党员但支持正义事业的先进左派人士。此外，还涉及党内多个层面，有中央层面以及省、县层面的主要领导人，也有地下工作者和普通的学生、职工、农民等广泛性的代表。

一、 雨花英烈群体的身份

在雨花台留下姓名的 1519 名先烈中，有发起爱国运动、奠基中国共产党的五四运动先驱，有参加过北伐战争、南昌起义、长征和抗日战争的爱国忠勇将士，有反抗蒋介石屠杀政策、领导工人起义的中共白区干部，有长期战斗在敌营深处、潜伏于敌人心脏的情报工作人员，有与共产党人风雨同舟、肝胆相照的左派进步人士，更有广大反对敌人黑暗统治的普通共产党员和爱国志士。他们身份虽各有不同，有的隶属不同党派，但都坚守同一个信仰：即"对马克思主义的信仰，对社会主义和共产主义的信念"①。他们的敌人有北洋军阀、蒋介石集团、日本侵略者、汪伪叛国投敌分子。但无论面对什么凶恶的敌人，他们都践行同一种精神：为了国家和人民的利益，为美好的理想信念而不惜奉献宝贵的生命。

以下撷取雨花台烈士中最具代表性的一部分，列举他们曾担任的党内职务和社会职务以及烈士的籍贯、年龄、出生时间和牺牲时间等基本信息，便于一窥雨花英烈群体的整体面貌（见表一）。

从表中所列的 113 位雨花英烈担任的主要党内职务和社会职务可以看出，这些烈士中有相当一部分属于党的中高级干部。他们中有的是李大钊的学生、毛泽东的同宗亲属和战友、朱德的同学、刘少奇的夫人、陈潭秋的夫人、周恩来的助手、贺龙和陈毅的战友等。这一方面反映了新民主主义革命时期国共两党斗争状况的惨烈和悲壮；另一方面也说明，雨花英烈斗争的对象不止是局限于国民党反动派，还包括反动军阀、封建势力、日本帝国主义等人民大众的一切敌人。因

---

① 潘旭涛整理：《习近平谈信仰信念》，《人民日报（海外版）》2017 年 6 月 7 日第 5 版。

表一 部分雨花英烈基本信息一览表

序号	姓名	党内职务和社会职位	籍贯	年龄	出生时间	牺牲时间
1	金佛庄	国民革命军总司令部参谋处副处长，警卫团少将团长	浙江东阳	29	1897	1926.12
2	陈君起	共青团南京地委妇女委员，国民党南京市党部妇女部长，中共南京地委妇女委员	江苏嘉定（今属上海）	42	1885	1927.04
3	谢文锦	中共南京地委书记	浙江永嘉	33	1894	1927.04
4	侯绍裘	国民党江苏省党部中共党团书记，上海特别市临时市政府委员	江苏松江（今属上海）	31	1896	1927.04
5	张应春	国民党江苏省党部执行委员兼妇女部部长，中共南京地委扩大会议成员	江苏吴江	26	1901	1927.04
6	胡秉铎	国民革命军第一军军部机要秘书，第一师政治部主任	贵州榕江	25	1902	1927.04
7	文化震	共青团南京地委书记，南京总工会总务主任兼秘书主任	贵州贵阳	25	1902	1927.04

（续表）

序号	姓名	党内职务和社会职位	籍贯	年龄	出生时间	牺牲时间
8	刘重民	中共上海区委军委书记，国民党江苏省党部工人部长兼秘书长	江苏江都	25	1902	1927.04
9	钟天樾	共青团南京地区城北支部书记，南京总工会执行委员	四川永川	22	1905	1927.04
10	许金元	中共江苏省党部委员兼青年部长，国民党江苏省党部委员	江苏苏州	21	1906	1927.04
11	王崇典	中共苏州独立支部书记，中共南京市委委员	安徽泗阳	25	1903	1928.09
12	茅国庆	中共中山大学党支部书记，中共南京市委委员	安徽太和	25	1903	1928.09
13	史砚芬	共青团宜兴县委书记，共青团南京市委书记，共青团江苏省委巡视员	江苏宜兴	24	1904	1928.09
14	孙津川	中共中央审查委员会委员，中共南京市委书记，沪宁沪杭两路总工会委员长	安徽寿县	33	1895	1928.10
15	姚佐唐	中共陇海铁路徐州（铜山）部支部书记，国民革命军总司令部所属铁道大队副大队长	安徽桐城	30	1898	1928.10

（续表）

序号	姓名	党内职务和社会职位	籍贯	年龄	出生时间	牺牲时间
16	贺瑞麟	中共南京市委委员兼共青团南京市委书记	江苏徐州	19	1909	1928.10
17	周不论	中共中央特派员、湖南醴陵县委委员兼南京市委书记	湖南醴陵	27	1903	1930.02
18	夏雨初	中共中央特委委员、中共南京市委常委	安徽郎溪	27	1903	1930.08
19	黄祥宾	中共中央大学党支部书记	江苏武进	25	1905	1930.08
20	李济平	中共江苏省委巡视员、中共南京市行动委员会书记	江苏江阴	22	1908	1930.08
21	谭祥生	安徽省旌德县委书记、井冈山革命根据地茶陵县长	安徽旌德	33	1897	1930.09
22	师集贤	南京国民政府审计院中共地下情报人员	陕西合阳	31	1899	1930.09
23	黄瑞生	中共南京市委书记	安徽六安	26	1904	1930.09

（续表）

序号	姓名	党内职务和社会职位	籍贯	年龄	出生时间	牺牲时间
24	石俊	中共晓庄师范支部书记，中共南京市行动委员会委员兼宣传部长	江苏如皋	23	1907	1930.09
25	陈景星	中共金陵大学支部书记，中共南京市委宣传委员	辽宁海城	22	1908	1930.09
26	郭凤韶	中共南京市委地下交通员	浙江临海	19	1911	1930.09
27	吕国英	中共上海中华艺术大学支部宣传委员	江苏沛县	18	1912	1930.09
28	石璞	南京自由运动大同盟成员，金陵大学学生	辽宁铁岭	17	1913	1930.09
29	袁咨桐	共青团晓庄师范支部书记	贵州习水	16	1914	1930.09
30	许立双	中共南京市委常委兼组织委员，浦镇机厂党支部书记	江苏邳伯	34	1896	1930.10
31	倪朝龙	中共上海劳动大学党支部书记	福建福清	25	1906	1931
32	邓定海	中共南京市委委员兼济难委员，中共和记洋行支部书记	湖北黄陂	28	1903	1931.01

（续表）

序号	姓名	党内职务和社会职位	籍贯	年龄	出生时间	牺牲时间
33	恽代英	中共第五届中央委员，南昌起义前敌委员会委员，中共中央宣传部组织部秘书长等	江苏武进	36	1895	1931.04
34	马克昌	中共上海江湾区委书记	云南河西	25	1906	1931.04
35	刘希雨	中共上海江湾区街道支部书记	云南昆明	22	1909	1931.04
36	谭寿林	中共梧州地委书记，中华全国总工会秘书长，梧州《民国日报》社社长，《红旗报》编辑	广西贵县	35	1896	1931.05
37	朱杏南	中共吴县县委书记	江苏江阴	33	1898	1931.05
38	杨峻德	中共福州市委书记，中共闽北特委书记，中共福建省委常委及秘书长兼组织部长	福建建瓯	31	1900	1931.05
39	高文华	共青团无锡县委书记	江苏无锡	24	1907	1931.07
40	文绍珍	国民革命军东路先遣军指导员，中央炮兵学校地下支部书记，中共南京地下市委委员	湖南石门	23	1908	1931.08

（续表）

序号	姓名	党内职务和社会职位	籍贯	年龄	出生时间	牺牲时间
41	刘雪亮	南京国民党中央陆军军官学校入伍生团中共特支书记，地下工作者	四川泸州	23	1908	1931.08
42	邓演达	国民革命军总司令部政治部主任，著名国民党左派领导人	广东惠阳	36	1895	1931.11
43	陈朝海	南京地下工作者	广西博白	23	1908	1931.12
44	张阿春	中共苏州中心县委组织部长	浙江绍兴		?	1932.04
45	冷少农	中共两广区委军事前秘书，周恩来秘书，南京国民政府训练总监部及军政部秘书	贵州瓮安	32	1900	1932.05
46	李耘生	中共武昌市委书记，中共南京市委组织部长，中共南京特委负责人	山东广饶	27	1905	1932.06
47	康友川	共青团宁波市委宣传部长	浙江宁波	25	1907	1932.09
48	曹顺标	上海中学学生联合会负责人，江苏省委调任上海民众反帝战线协定委，助东北义勇军联合青年部专职干部	浙江萧山	19	1913	1932.10

（续表）

序号	姓名	党内职务和社会职位	籍贯	年龄	出生时间	牺牲时间
49	朱务平	中共徐海蚌特委委员兼凤阳县委书记，中共长淮特委书记	安徽萧县	34	1898	1932.11
50	陈理真	中共徐海蚌特委宣传部长，中共沪东区委书记，江苏省委巡视员	安徽萧县	26	1906	1932.11
51	赵进轩	中共凤阳县委书记	安徽凤阳	26	1906	1932.11
52	蒋云	中共江阴县委书记，中共江苏省徐海蚌特委书记	江苏江阴	29	1903	1932 年冬
53	姜辉麟	中共江苏省委工作人员，中共淞浦特委内部交通工作人员	江苏松江（今属上海）	35	1897	1932.12
54	丁香	中共平津地区秘密工作者	江苏苏州	22	1910	1932.12
55	张文卿	中共江苏省委巡视员	湖南		?	1933
56	徐述尧	共青团上海区委宣传部长	四川云阳		?	1933

（续表）

序号	姓名	党内职务和社会职位	籍贯	年龄	出生时间	牺牲时间
57	蓝文胜	国民党宪兵第三团团部上尉副官、南京宪兵系统中共地下特别支部书记	湖北广济	27	1906	1933.02
58	李昌祉	国民党南京高级军校特别党部工作人员、中共地下特别支部书记	湖南嘉禾	27	1906	1933.02
59	李治邦	共青团江苏省军委秘书、团中央军委负责人	贵州郎岱	26	1907	1933.03
60	林萃	上海中共中央军委会工作人员	安徽金寨	29	1904	1933
61	张炽	中共民国大学支部书记、北京地委西区委员、中共大连地委宣传部长、中共云南特别委员会委员、中共中央机关巡视人员	云南路南（石林）	35	1898	1933.04
62	陈原道	中共河北临时省委组织部长、中共江苏省委常委兼上海革命工会党团书记	安徽巢县	31	1902	1933.04
63	杨振铎	共青团江苏省委书记、上海沪中区行委书记	山西阳城	28	1905	1933.04

（续表）

序号	姓名	党内职务和社会职位	籍贯	年龄	出生时间	牺牲时间
64	毛福轩	中共韶山特别支部首任书记，湘潭县委书记，湖南省委委员	湖南韶山	33	1900	1933.05
65	胡南生	共青团上海法南区委书记，江苏省委青工部长，共青团江苏省委书记，组织部长	湖北武昌	28	1905	1933.06
66	吴振鹏	共青团江苏省委书记，团中央宣传部长，中共中央苏维埃区域中央局委员	安徽怀宁	27	1906	1933.06
67	黄励	中共江苏省委组织部长	湖南益阳	28	1905	1933.07
68	罗登贤	中共六大中央委员，中共六大中央政治局候补委员及委员，中共江苏省委书记，中华全国总工会党团主任，中共中央组织部副部长，中共中央南方局书记，广东省委书记，中共满洲省委书记，全国总工会上海执行局书记等	广东南海	28	1905	1933.08

（续表）

序号	姓名	党内职务和社会职位	籍贯	年龄	出生时间	牺牲时间
69	邓中夏	中共第二届中央执行委员会委员、中共第三届中央执行委员会候补委员，中共第五届中央委员、六届中央候补委员，中共湘鄂西特委书记，红二军团政委等	湖南宜章	39	1894	1933.09
70	郑天九	中共山东日照县委宣传部长、中共北平市委工作人员	山东日照	29	1904	1933.10
71	施滉	美国共产党中央中国局第一任书记，中共河北省委宣传部长兼宣传部长	云南洱源	34	1900	1934
72	洪灵菲	中国左翼作家联盟常委、上海反帝大同盟党团书记，中共中央驻北方代表秘书处处长	广东潮安	32	1902	1934
73	柳志杰	红军独立师第二团团长，抗日同盟军吉鸿昌部秘书，参谋长	安徽潜山	32	1902	1934
74	李文卿	国民革命军第八师连党代表，共青团上海法南区委书记	湖北嘉鱼	32	1902	1934

（续表）

序号	姓名	党内职务和社会职位	籍贯	年龄	出生时间	牺牲时间
75	徐全直	湖北省妇女协会执行委员	湖北沔阳	32	1902	1934.02
76	汪裕先	中共南汇县周浦区委书记、汇县县委书记，中共南中共淞浦特委委员	上海南汇	26	1908	1934.05
77	芮兰生	中共安徽省潜山县委书记	安徽潜山	38	1896	1934.08
78	何宝珍	刘少奇夫人，武汉市妇女协会组织部长、中国革命互济会营救部部长	湖南道县	32	1902	1934年秋
79	顾衡	中共安徽省太和县委书记，中共南京市特别支部书记	江苏无锡	25	1909	1934.12
80	许包野	中共江苏省委书记、中共河南省委书记	广东澄海	35	1900	1935
81	胡廷俊	中国工农红军晋西游击队分队长、上海中央局工作人员	陕西绥德	23	1912	1935
82	李得钊	中共中央军委秘书处秘书，中共中央特科总务部及上海中央局工作人员	浙江永嘉	31	1905	1936

（续表）

序号	姓名	党内职务和社会职位	籍贯	年龄	出生时间	牺牲时间
83	周国宝	中共北平市委发行部长	贵州仁怀	27	1909	1936
84	于以振	中共上海沪南区、南市区区委书记	江苏常州	32	1904	1936.04
85	陈处泰	左翼社会科学联盟、中国左翼文化总同盟书记	江苏宝应	27	1910	1937
86	郭纲琳	共青团无锡中心县委书记，上海闸北区区委书记	江苏句容	27	1910	1937.07
87	焦恭士	新四军第四十六团民运股股长，抗日民主政府江宁县政府县长	安徽当涂	24	1918	1942.03
88	强博	中共丹阳县二区区委书记，丹南县县长，江宁县抗日民主政府县长	江苏金坛	24	1918	1942.03
89	孙晓梅	中共镇丹县委妇女部长，中共武进县委妇女部长，中共武进县委书记	浙江富阳	29	1914	1943
90	邓振询	长征战士，中华全国总工会西北执行局委员、陕甘宁边区政府民政厅厅长兼工农厅厅长，中共江西省委副书记，中共苏皖区委书记，苏南行政公署副主任	江西兴国	39	1904	1943.08

（续表）

序号	姓名	党内职务和社会职位	籍贯	年龄	出生时间	牺牲时间
91	陶家齐	新四军江宁湖熟地区情报站主任、江宁县抗日民主政府赤山区区长	江苏江宁	53	1890	1943.12
92	吕惠生	仪征县抗日民主政府县长、无为县抗日民主政府县长，皖中行政公署主任，皖中人民抗日自卫军司令员	安徽无为	42	1903	1945.11
93	任天石	中共常熟县委书记、中共苏中区党委巡视员，通海行署主任，中共中央华中分局十地委常委兼社会部部长	江苏常熟	35	1913	1948
94	高波	八路军留守兵团政治部烽火剧团团长、八路军新十一旅第一团政委	陕西米脂	35	1913	1948
95	杨斌	新四军驻上海办事处主任，中共党委秘密工作部部长、中共苏中央华中分局二地委组织部长	湖北石首	37	1911	1948.04

（续表）

序号	姓名	党内职务和社会职位	籍贯	年龄	出生时间	牺牲时间
96	朱克靖	国民革命军第三军党代表兼政治部主任，南昌起义第九军党代表，新四军政治部顾问兼直属战地服务团团长，新四军联络部部长，华中民主联军兼山东军区秘书长，华中民主联军政委等	湖南醴陵	53	1895	1948 年秋
97	丁行	国民党保定绥靖公署军法处少将副处长，河北省政府机要秘书，中共地下情报人员	山西夏县	40	1908	1948.10
98	徐楚光	汪伪政府军委会政治部情报人员，秘书，中共地下情报人员，中共中央华中分局第三工作委员会主任	湖北浠水	39	1909	1948.10
99	谢士炎	国民党六十六军四十六团团长，国民党北平第十一战区长官部作战处少将处长，中共地下情报人员	湖南衡山	38	1910	1948.10
100	秦明	中共靖远县委书记，延安大学教师，中共环县县委统战部长	甘肃靖远	32	1916	1948.10
101	朱建国	国民党北平第十一战区长官部少校参谋，中共地下情报人员	江苏睢宁	32	1916	1948.10

（续表）

序号	姓名	党内职务和社会职位	籍贯	年龄	出生时间	牺牲时间
102	孔繁祓	国民党北平第十一战区长官部少校参谋，中共地下情报人员	河北沙河	30	1918	1948.10
103	赵良璋	北平国民党空军第二军司令部总务科参谋，中共地下情报人员	江苏六合	27	1921	1948.10
104	晋夫	太岳军区通讯参谋，太岳军区政治科科长，晋冀豫野战军第八纵队参谋处处长	河南洛阳	31	1917	1948.11
105	卢志英	中共中央军委派驻杨虎城部统战人员，中共中央军委军事特派员，苏北联合抗日部队副司令员兼参谋长，地下情报工作者	山东昌邑	43	1905	1948.12
106	黄叔雷	抗日民主政府安徽无为县县长，后海新兵团参谋长	江苏常熟	41	1907	1948.12
107	刘亚生	八路军三五九旅旅长秘书，三五九旅政治部宣传科科长，湖南人民抗日救国军宣传部部长，三五九旅政治部副主任	河北河间	38	1910	1948.12

（续表）

序号	姓名	党内职务和社会职位	籍贯	年龄	出生时间	牺牲时间
108	路何民	共青团上海沪西区委宣传部长，组织部长，衡阳《开明日报》总编辑	江苏江都	35	1913	1948.12
109	陈子涛	《广西日报》总编辑，《文萃》杂志主编	广西玉林	28	1920	1948.12
110	王清瀚	策动国民党第八兵团司令官刘汝明等起义人员	河北交河	51	1898	1949.01
111	周镐	策动国民党第八兵团司令官刘汝明等起义人员	湖北罗田	39	1910	1949.01
112	祝元福	策动国民党第八兵团司令官刘汝明等起义人员	山东掖县	28	1921	1949.01
113	孟琇燕	中共福安县委书记，中共闽浙赣边区委员会社会部部长，城工部副部长	福建福州	36	1913	1949.04

此，我们在进行雨花英烈精神研究时，不应把雨花英烈的斗争对象局限于以蒋介石为首的国民党反动派，更不能把他们的斗争实践局限于反蒋斗争。

从113位烈士所属的籍贯可以看出，他们来自五湖四海，最北可达辽宁铁岭，最南可达广东惠阳，最西至甘肃靖远，最东至上海南汇。人数占比最多的五个省份分别是江苏、安徽、湖南、湖北、浙江，其中江苏省的人数最多，占总人数的四分之一。这一方面表明了雨花英烈中很多人生前斗争活动区域是遍布全国的，体现了雨花英烈精神的地域性特征；一方面也突出了雨花英烈的斗争区域主要在白色恐怖严重、敌人势力强大的区域，这表明雨花英烈生前所处的斗争环境十分危险、斗争形势极其不利。

从113位烈士的年龄（生卒年份确定的只有100位烈士）来看，牺牲时年龄最小的仅16岁，年龄最大的是53岁，牺牲时平均年龄为30岁，其中低于平均值的牺牲人数占59%。这一方面说明雨花英烈们在牺牲时的年龄大多在青春年华，却义无反顾地投身革命事业，这于今天具有特别的感染力和现实针对性；一方面也反映出敌我斗争的激烈和雨花英烈随时面临牺牲的危险生存环境。

从113位烈士牺牲的时间来看，他们牺牲的时间大致分为四个阶段：一是大革命时期；二是大革命失败至抗战全面爆发前后阶段；三是抗日战争时期；四是解放战争时期。这表明雨花英烈精神是在特定的历史时期形成的独立的精神形态，它横跨了中国共产党早期发展的不同阶段，见证了中国共产党革命精神在新中国建立之前持续发展的全过程。

二、雨花英烈群体的就读学校

雨花英烈群体的一个突出特征就是他们大部分都来自当时的知识精英阶层，多属于共产党内先进的知识分子。据 2017 年雨花台烈士纪念馆展陈方案中的资料统计，雨花英烈群体中近 70% 的人都接受过高等教育。这批来自高等学府的革命英烈是雨花英烈人士中的主体人群，是铸造雨花英烈精神的干城之将。

以下就部分雨花英烈就读学校作一梳理，以还原这一群体的知识结构和文化特征（见表二）：

表二 部分雨花英烈就读学校一览表

序号	烈士就读学校名称	烈士姓名
1	安徽大学、上海法政学院	陈处泰
2	安徽省立第二甲种农业学校、莫斯科中山大学	陈原道
3	安徽省立第一师范学校、上海大学	吴振鹏
4	保定陆军军官学校	金佛庄
5	北京大学	谭寿林
6	北京大学	朱克靖
7	北京大学	刘亚生
8	北京民国大学[①]	张炽

① 北京民国大学，系 1916 年由蔡公时等人创设，以提高民族文化、研究高深学术、造就专门人才为办学宗旨。1917 年 4 月正式开学上课，1920 年蔡元培曾任校长。1931 年 2 月，该校改称私立北平民国学院。抗日战争爆发后，该院先后南迁河南开封，湖南长沙、益阳、溆浦、宁乡、安化等地。战后，迁回宁乡。1946 年 5 月，该院奉令继续留湘办学，直隶于教育部，并改名为私立民国大学。1949 年被人民政府接管。

（续表）

序号	烈士就读学校名称	烈士姓名
9	北京农业大学	黄瑞生
10	北京农业大学	吕惠生
11	北平大学①	刘雪亮
12	北平大学法商学院	杨斌
13	川南师范学校	张霁帆
14	第四中山大学、中央大学	顾衡
15	东南大学②	文化震
16	东南大学	钟天樾
17	东南大学	吴光田

---

① 北平大学是民国时期南京教育部设立的大学组合体，由隶属于一个校名的五个学院构成，分别为医学院、农学院、工学院、法商学院、女子文理学院。其前身是1927年6月北洋政府将北京的九所国立高等学校合并成的京师大学校。1928年，北伐军占领北京，京师大学校趋于瓦解。同年7月，南京政府决定将京师大学校改为中华大学。8月，决定实施大学区制度，即以北平（同年改北京为北平）为中心组织北平大学区。9月，决定中华大学改名为北平大学，将原合并起来的九所高校，连同在北平的前外交部俄文法政专门学校、天津北洋大学、保定河北大学一起改组为十一个学院、两所附属中学、两所附属小学、一所蒙养园。由于全国各地的普遍反对，1929年6月停止施行大学区制度。北平大学内的各学院纷纷请愿示威要求独立。至1934年，北平大学只剩五个学院和一所附属高中。1937年抗日战争全面爆发，北平大学西迁至陕西西安，与北平师范大学、北洋工学院合并成国立西安临时大学，1938年又迁至陕南城固，定名为国立西北联合大学。自此，北平大学的校名不复存在。西北联合大学后来又分成西北大学、西北师范学院、西北工学院、西北农学院、西北医学院等。

② 东南大学是1921年以南京高等师范学校为基础正式建立的。1927年6月，改名为国立第四中山大学，1928年2月改称江苏大学。改名后，全校师生群情激愤，组成"改定校名请愿团"，要求政府依照英国伦敦大学、法国巴黎大学等的做法，将校名改为国立南京大学。1928年5月16日，国民政府行政院做出决议，将其改称国立中央大学。1949年8月8日，接南京军管会的通知，正式更名为国立南京大学，翌年更名南京大学，1952年，在全国高校院系调整中，南京大学部分院系与金陵大学文、理学院等合并，仍名南京大学，并将原校区留给组建而成的南京工学院（1988年改名为东南大学），南京大学则迁移到鼓楼原金陵大学的校区。

（续表）

序号	烈士就读学校名称	烈士姓名
18	东南大学	成律
19	东南大学、第四中山大学	王崇典
20	东南大学、江苏大学	齐国庆
21	东南大学①、中央大学	黄祥宾
22	东吴大学	丁香
23	法、德、奥留学获哲学博士学位	许包野
24	甘肃学院高中部	秦明
25	贵州法政专门学校	冷少农
26	贵州省立法政专门学校、黄埔军校第二期	胡秉铎
27	贵阳省立师范学校、省立贵州大学、上海法科大学	李治邦
28	国民党空军军士学校	赵良璋
29	国民党陆军大学	谢士炎
30	国民党陆军大学	朱建国
31	杭州之江大学②	许金元

---

①东吴大学原名东吴大学堂，由美国基督教监理公会创建于清光绪二十七年(1901)，是美国基督教教会在中国建立的早期教会大学之一，辛亥革命后改称东吴大学。1952年10月，全国高校院系调整，东吴大学改组为江苏师范学院。1982年6月改为苏州大学。

②杭州之江大学前身是宁波的崇信义塾(当地也称"圣经书房")，创办于清道光二十五年(1845)，于1867年秋迁到杭州皮市巷，改名育英义塾，1897年改名育英书院，学制为6年，设英文、化学两专科。1898年开始收学费。1906年在育英书院基础上筹办教会大学，选定杭州城外的钱塘江畔秦望山二龙头一带为校址，建造新校舍，决定以"之江"命名。1911年2月，原育英书院117名学生迁入新校址，改名之江学堂，1914年改名之江大学。1952年因高校院系调整解散，原杭州之江大学院系拆分至浙江师范学院、浙江大学、复旦大学等。

（续表）

序号	烈士就读学校名称	烈士姓名
32	湖北省立女子师范学校	徐全直
33	湖南高等师范学校①、北京大学	邓中夏
34	湖南省立第三女子师范学校	何宝珍
35	湖南自修大学	毛福轩
36	黄埔军校第三期	高文华
37	黄埔军校第四期	文绍珍
38	黄埔军校第五期	周不论
39	黄埔军校第五期	林萃
40	黄埔军校第五期	蓝文胜
41	黄埔军校第六期	芮兰生
42	黄埔军校武汉分校第五期	徐楚光
43	黄埔军校长沙分校	柳志杰
44	黄埔军校、莫斯科东方大学	于以振
45	江苏省立第七师范学校、上海华南大学和大陆大学	陈理真

① 湖南高等师范学校原称湖南优级师范学堂，是1907年湖南巡抚俞廉三遵照《奏定学堂章程》筹设的。1911年辛亥革命胜利后，由旧岳麓书院改建的湖南省高等学堂，依照新学制停办，将优级师范改名高等师范，迁入岳麓书院。凤高翥、符定一、吴嘉瑞、刘宗向先后担任校长，杨树达曾任教务长，杨昌济、徐特立等曾任教授，蔡和森、邓中夏、舒新城等曾肄业于此。到1926年，省长公署将工专与原设市内的商业专校、法政专校、农业学校合并，改为湖南大学，从此岳麓书院校址，就确定为湖南大学的校址。

（续表）

序号	烈士就读学校名称	烈士姓名
46	金陵大学①	刘重民
47	金陵大学	石璞
48	金陵大学	黄叔雷
49	金陵大学	陈景星
50	莫斯科东方大学	谢文锦
51	莫斯科东方大学	李济平
52	莫斯科东方大学	李得钊
53	莫斯科东方大学	胡南生
54	莫斯科中山大学	黄励
55	莫斯科中山大学	张文卿
56	南京五卅公学	梁永
57	南京晓庄师范	石俊
58	南京晓庄师范	胡尚志
59	南京晓庄师范	叶刚
60	南京晓庄师范	汤藻
61	南京晓庄师范	马名驹

① 金陵大学是美国基督教会美以美会在南京设立的一所高等学校，肇始于1888年创办的汇文书院，首任院长是美国人福开森。1910年2月与宏育书院合并成立金陵大学。1951年与金陵女子文理学院合并，改为公立金陵大学。1952年在全国高等学校院系调整中，金陵大学部分系科与原南京大学合并建成新的南京大学。

（续表）

序号	烈士就读学校名称	烈士姓名
62	南京晓庄师范	谢纬棨
63	南京晓庄师范	郭凤韶
64	南京晓庄师范	姚爱兰
65	南京晓庄师范	沈云楼
66	南京晓庄师范	袁咨桐
67	上海工业专门学校（前身为南洋公学，后并入上海交通大学）	侯绍裘
68	清华学校、美国斯坦福大学	施滉
69	上海大学	师集贤
70	上海大学	杨振铎
71	上海法政大学	谭梓生
72	上海劳动大学[①]	刘希雨
73	上海劳动大学	倪朝龙

---

① 上海劳动大学即国立劳动大学，简称"劳大"，建于 1927 年北伐后，是南京国民政府在上海创办的第一所国立大学。1932 年 6 月 7 日，国民政府下令劳大停办撤校，其后成立国立劳动大学校产保管委员会。劳大解散前后，其相关科系、资源分别并入国立西北农林专科学校（今西北农林科技大学前身）、国立上海商学院（今上海财经大学前身）和国立同济大学附设高级工业职业学校。1933 年 5 月，国民党政治会议议决，将位于江湾的原国立劳动大学的房屋、机器、工厂等划归国立同济大学，创办国立同济大学附设高级职业学校，后奉教育部令，改称国立同济大学附设高级工业职业学校（简称"同济高工"）。1949 上海解放后，同济高工改属华东工业部（1952 年 8 月改属第一机械工业部）领导，更名为同济高级工业学校。1951 年，同济高工搬迁至南京，1953 年在院校调整中被分建成两所学校：以机械科为基础建立的南京机械制造学校（今南京工程学院）、以土木科为基础建立的南京建筑工程学校（今南京工业大学）。

（续表）

序号	烈士就读学校名称	烈士姓名
74	上海中国公学大学部①	徐述尧
75	上海中国公学大学部	郭纲琳
76	上海中国女子体育专门学校	张应春
77	上海中国医学院	任天石
78	上海中华艺术大学	吕国英
79	武昌中华大学	恽代英
80	夏县师范学校	丁行
81	云南省立第一师范学校	马克昌
82	中国大学	夏雨初
83	中国大学②	周国荣

① 上海中国公学大学部创办于 1906 年 4 月，系退学回国的留日学生姚洪业、孙镜清等募集经费筹办而成。最初在上海北四川路横浜桥租民房为校舍，后迁至今吴淞中学。后清政府又拨吴淞炮台湾公地百余亩作为建筑基地，1909 年，吴淞中国公学校舍落成。民国建立后，吴淞中国公学得到孙中山、黄兴等扶持，逐渐发展成包括文、法、商、理四院 17 系的综合型大学，并增设了中学部。1915 年，梁启超任董事长。同年，吴淞中国公学与北京国民大学合并，称中国公学大学部。1917 年 3 月 5 日，北京中国公学大学部改名中国大学，学校迁入北京西单二龙坑郑王府（后为新皮库胡同乙 12 号）新址。同年，上海吴淞中国公学停办。中国公学不但历史悠久，而且具有光荣的革命传统，师生中有不少人积极参加革命活动，如女英雄秋瑾、黄花岗七十二烈士之一的谬德潘等。

② 中国大学，初名国民大学，是孙中山等人为培养民主革命人才而创办。该校于 1913 年 4 月 13 日正式开学。1913 年二次革命爆发后，开办经费被北洋政府收回，学校由官办改为民办。1914 年 1 月学校与上海吴淞中国公学合并，改称中国公学大学部。1917 年改名为中国大学。1921 年起，王正延长期任校长。1930 年，学校停办大学预科，改为附属中学。同年 11 月改称中国学院。北平沦陷期间，许多失学的河北、东北三省的学生都插入中国大学学习，在校生最多时达 3000 多人。1949 年 3 月，因生员缺乏及经费匮乏停办。中国大学有光荣的革命传统，在反帝反封建革命斗争中一直走在前列，以李大钊、李达、吴承仕、杨秀峰等为代表的一批"红色教授"在学校传播马克思主义。

（续表）

序号	烈士就读学校名称	烈士姓名
84	中国大学	杨峻德
85	中国人民抗日军事政治大学	高波
86	中国人民抗日军事政治大学	晋夫
87	中央大学	陈朝海
88	中央大学	程履绎
89	中央大学	成贻宾
90	中央陆军军官学校	孔繁蕤

值得一提的是，以上所列的 90 位雨花台烈士，年龄绝大部分在 40 岁以下。这批接受过现代高等教育的血气方刚、朝气蓬勃的知识青年，为了自己钟爱的党和人民的事业，有的刚走出校园，有的还在校学习，但却牺牲在反动军警特务残忍的屠刀下。

三、雨花英烈与革命书籍

雨花英烈走上革命道路不是盲从的。他们目睹旧中国苦难的现实，苦苦思索中国的出路，进而阅读大量革命刊物如《新青年》《新潮》《向导》《觉悟》《每周评论》《中国青年》《红旗》等，尤其是马列主义经典著作及相关进步书籍，如《共产党宣言》《共产主义 ABC》《社会科学大纲》《国家与革命》《〈资本论〉浅说》《帝国主义论》等，开始走上革命的道路，并且拥有了坚定的信仰和为信仰勇于献身的胆略与意志。雨花英烈除了阅读、传播先进书籍，还积极创作、发表文章和著作,创办(主编或编辑)先进刊物。

以下就部分雨花英烈发表的文章和著作、创办(主编或编辑)刊物等情况作一整理,以便管窥雨花英烈群体所接受的知识谱系和他们的精神文化世界(见表三):

表三 部分雨花英烈发表著作(文章)、创办(主编或编辑)刊物一览表

烈士姓名	著作(文章)	创办(主编或编辑)刊物
张霁帆	《一个改造社会可能的办法》《介绍河南红枪会》等文章	编辑发行《青年之友》创办出版《甲子日刊》组织出版《河南青年》
谢文锦	《列宁与农民》(文章)	领导《上海总工会三日刊》
侯绍裘	演讲稿:《评一般人对社会主义的误解》《我们该做怎样的青年》等文章:《旅行上海记》《我们对于社会的贡献》《我的参与学生运动的回顾》等	创办《松江评论》《问题周刊》
张应春	《国际妇女纪念日与吴江妇女》《悼北京为爱国惨死的女烈士》《我们应该怎样纪念"五卅"》《江苏省委党部妇女部门反对段祺瑞惨杀北京市民宣言》等文章	创办《吴江妇女》
胡秉铎	《残废的三个人》《寂寥的夜》《恶政府的势力》《攻敌》《杂感》等文章	参与创办《贵州青年》、《青年军人》总编辑
刘重民	《中国政治状况》《中国经济状况》等文章	—

（续表）

烈士姓名	著作（文章）	创办（主编或编辑）刊物
许金元	《革命文学运动》《为文学革命再说几句话》《向左转》《论非战文学和非战思想》等文章	创办《悟悟》
贺瑞麟	《死前日记》等	—
黄祥宾	—	出版《旌孝日报》
恽代英	译作：《阶级争斗》 文章：《我之人生观》《爱澜阁自叙》《力行救国论》《践履道德的勇心》《怎样才是好人》《怎样做一个共产党员？》《读什么书与怎样读书？》等	创办和主编《中国青年》主编《红旗》
谭寿林	《俘虏的生还》（自传体小说） 演讲稿：《苏联革命成功的要点》《列宁主义与中国民众》《帝国主义的末日》《列宁的成功在哪里》等	编辑《工人周刊》《红旗报》
杨峻德	《红军之意义》《红军之组织》《小北区农民委员会章程》《捕办反动派条例》等文章	合办《建声周刊》
朱务平	《徐州教会学校学生奋斗的经过》（文章）	创办《红旗报》

（续表）

烈士姓名	著作（文章）	创办（主编或编辑）刊物
邓中夏	著作：《中国职工运动简史》 演讲稿：《家庭制度》《现在的皇帝倒霉了》 文章：《长辛店旅行一日记》《黄仁同志之死》《欢迎英国帝国主义进攻中国的十万大兵》《苏兆征同志传》等	主编《工人之路》、编印《前锋》（与匡亚明）
吴振鹏	小说：《端午节》 文章：《国际青年日的上海青年工人》《蒋介石还没有反动？》《杨花水性的姑娘》《红灯之下的蒋介石》等	—
张炽	《诸君志愿如何请各陈述之》等文章	主编《日光》、主编《驱丁声》小报等
施滉	著作：《孙中山评传》 文章：《学生对于社会应该怎么样》《清华中文非如此改革不可》《暑假游历亚洲的建议》《对于清华各方面之建言》等	编辑《清华周刊》、编印《劳动者》等
洪灵菲	《流亡》《前线》《转变》三部长篇小说合称"流亡三部曲"等	编辑《海外周刊》、主编出版《我们》月刊
徐全直	《妇女运动的派别和正确方针》（文章）	编辑《武汉妇女》旬刊
柳志杰	《唯物主义史观浅说》（著作）	主编《前锋月刊》

（续表）

烈士姓名	著作（文章）	创办（主编或编辑）刊物
许包野	把中央文件汇编成《革命丛书》等	出版《发动机》《舰》《战斗》《群众报》等
李得钊	《列宁主义与托洛斯基主义》《十一年的苏联社会主义建设》《苏联共产主义青年团概况》《怎样纪念"五卅"？》等文章	编辑《红旗》

　　上表所列的雨花英烈生前发表的文章和著作、创办（主编或编辑）的刊物，不仅承载着他们的学识才华、思想感情和精神品质，更凸显了他们对真理追求的坚定。他们读书不是为了个人升官发财，不是为了一己之私，而是为了寻求真理，救亡图存，找出解救中国人民的唯一正确道路。他们深知，科学知识是改变国家民族前途命运的源泉。通过阅读经典著作，他们获得了真理，看见了前进的方向，坚定地走上了革命的道路。他们接受时代最前沿的感召，吸收当时最先进的思想，继而开始自行创办刊物，向社会全面推介、传播马克思主义先进文化，以唤起民众投身于正义的事业。雨花英烈群体志于学而信，敏于学而思，勇于学而行，他们不断把学习成果转化为不可撼动的理想信念，转化为正确的世界观、人生观、价值观，用理想之光照亮奋斗之路，用信仰之力锻造革命精神。这种以信仰引领实践的能动精神，正体现了雨花英烈精神超越时代、超越地域的不朽价值。

第三节　雨花英烈精神科学内涵的学理分析

中国共产党人崇高理想信念、高尚道德情操、为民牺牲的大无畏精神共同构成了雨花英烈精神的科学内涵。和中国共产党一系列伟大的革命精神一样，雨花英烈精神也是一种先进的马克思主义意识形态文化。雨花英烈精神科学内涵的三个方面分别深刻地涵盖了马克思主义世界观、人生观、价值观方面的内容，表现出了思想观念上的革命性和进步性。同时，雨花英烈精神科学内涵的三个方面又是高度融合的整体，从逻辑上实现了世界观、人生观、价值观的有机统一。

一、崇高理想信念是雨花英烈精神的灵魂

崇高理想信念是雨花英烈的思想内核，构成了整个精神体系在思想层面的支撑。崇高理想信念属于精神体系里的基础部分，堪称雨花英烈精神的灵魂。

世界观是人们对世界以及人与世界关系的总的看法、根本观点[1]，是思想观念体系中的基础部分。为此，只有树立了科学的世界观，才能从根本上树立起正确的思想体系。科学的理想信念是马克思主义世界观的重要体现[2]，从这个视角进行研究，可以更为深刻认识到，雨花英烈们坚持的理想信念之所以崇高，之所以能坚定不移，之所以视死如归，正是因为其根植于马克思主义的科学理论之中，展现的是共产主义者的理想信念。

---

[1] 刘星星编著：《马克思主义党建理论概要》，国防大学出版社，2009 年，第 170 页。
[2] 张国臣等：《理想信念信仰》，中国社会出版社，2016 年，第 232 页。

崇高理想信念是雨花英烈精神的起点和前提。对此处"崇高"一词的理解，不能仅仅概念化地局限于道德伦理范畴，而是应当从意识形态领域找到答案。实现物质财富极大丰富、人民精神境界极大提高、每个人自由而全面发展的共产主义社会，是马克思主义最崇高的社会理想。这个最崇高的社会理想是建立在对人类社会发展客观规律的科学认识基础上的。①

革命战争年代，毛泽东曾经指出："我们共产党人从来不隐瞒自己的政治主张。我们的将来纲领或最高纲领，是要将中国推进到社会主义社会和共产主义社会去的，这是确定的和毫无疑义的。我们的党的名称和我们的马克思主义的宇宙观，明确地指明了这个将来的、无限光明的、无限美妙的最高理想。每个共产党员入党的时候，心目中就悬着为现在的新民主主义革命而奋斗和为将来的社会主义和共产主义而奋斗这样两个明确的目标。"②

邓小平也曾经指出："为什么我们过去能在非常困难的情况下奋斗出来，战胜千难万险使革命胜利呢？就是因为我们有理想，有马克思主义信念，有共产主义信念。我们干的是社会主义事业，最终目的是实现共产主义。这一点，我希望宣传方面任何时候都不要忽略。"③

历史伟人以上这两段话都阐述了这样一个道理，新民主主义革命时期投身革命的人成为共产党员，是因为他有共产主义理想，并有为了共产主义的理想而奋斗的信念。首先有了上述理想信念，共产党

---

① 孙洪波主编：《中国特色社会主义简明教程》，社会科学文献出版社，2014年，第4页。
② 《毛泽东选集》（第三卷），人民出版社，1991年，第1059页。
③ 《邓小平文选》（第三卷），人民出版社，1993年，第110页。

人才有了强大的精神动力；而若没有了这一理想信念，也就不可能说是一个真正的共产党人。

雨花英烈们拥有实现共产主义的理想信念，并不意味着在革命斗争里会忽略眼前的现实目标。马克思主义"是共产主义从全部人类知识中产生出来的典范"[1]，具有十分宝贵的理论品格和实践价值：马克思主义是科学的，它揭示了人类社会发展的客观规律，反映了最广大人民的根本利益；马克思主义是革命的，它强调的不仅是认识世界，更重要的是改变世界；马克思主义是开放的，它提供的不是一劳永逸的答案，而是进一步认识问题、分析问题和解决问题的方法[2]。这些理论品格从不同角度彰显了共产主义是具有实践基础的伟大理想而不是空想。

雨花英烈们秉持的信念里，也蕴藏有必须把现实目标与远大理想相统一的理念。换言之，就是胸怀实现共产主义的远大理想和脚踏实地为现阶段理想进行奋斗的辩证关系。1922年7月，中国共产党第二次全国代表大会的宣言，就曾指出党的最低纲领是要摆脱压迫，实现民族的独立、统一，成立真正的民主共和国。党的最高纲领是组织无产阶级，以武装斗争的革命手段建立人民专政的政治制度，消灭私有制，建立共产主义社会。这一最低纲领就是要求共产党人在胸怀最高理想的同时，着眼于眼前最现实的工作。因此，雨花英烈们为之奋斗和牺牲的最高理想是实现共产主义，而在不同阶段又分别为不同

---

[1]《列宁选集》（第四卷），人民出版社，1972年，第347页。
[2] 辛鸣主编：《十七届四中全会后党政干部关注的重大理论与现实问题解读》，中共中央党校出版社，2009年，第153页。

的现实目标而奋斗和牺牲，正是忠诚于这样一种崇高的理想信念，让雨花英烈们在任何诱惑和摧残面前坚贞不屈。

二、高尚道德情操是雨花英烈精神的核心

道德情操是指道德情感和操守的结合，是构成道德品质的重要因素，这在不同社会和时代有不同的内容和要求。[①]

从道德境界层面而言，雨花英烈们对中华民族的优秀传统品格做了最大限度的发扬和光大。他们拥有的高尚道德情操，是中华民族固有的优秀传统品格同马克思列宁主义的科学理论体系相结合而产生的。英烈们以英勇牺牲和牺牲之前投身革命时的经历，谱写了短暂但却辉煌壮丽的人生诗篇。他们从不同方面树立了令人顶礼和景仰的道德丰碑，因此，雨花英烈精神的精髓包含了高尚的道德情操。

雨花英烈精神内涵里"高尚道德情操"之中的"高尚"一词，与"崇高理想信念"里的"崇高"一词一样，不能局限于概念化的理解。雨花英烈的事迹里表现出的道德情操源于共产主义的人生观，不同于新民主主义革命以前的各个历史时期的道德情操，有着全新的意义。

人生观是指人们对人生目的和意义的总的看法和根本态度。它主要解决"人为什么活着"和"怎样活着"等问题，支配了每一个人的思想境界、道德情操和行为准则，直接决定着人们的人生追求，间接决定了人们的人生道路。人生观具有历史性。历史上各个不同时代的人们，同一个时代不同阶级的人们，对人生的看法和态度各不相同。在阶级社会里，各种人生观都打上了阶级的烙印。

[①] 余源培等编著：《哲学辞典》，上海辞书出版社，2009 年，第 301 页。

世界观决定人生观。一个人拥有什么样的世界观，就会拥有什么样的人生观。人对于其人生意义的正确理解，必须建立于对世界发展客观规律有正确认识的基础之上。于是正确的世界观便成为正确人生观的基础。雨花英烈们因其拥有马克思主义世界观，于是也拥有了共产主义的人生观。

共产主义人生观，是人类历史上最进步的人生观。这一人生观有以下特征：在马克思主义世界观指导下，批判地继承了历代劳动人民的优良传统，汲取了历史上先进人物在探索人生问题上的积极成果；以实现共产主义作为人生目的，把为人类解放而献身作为人生最高价值，以革命乐观主义作为人生态度。这是一种科学的人生观，它完整地体现了无产阶级的根本利益，具有与一切剥削阶级人生观都截然不同的本质特征。[①] 共产主义人生观对雨花英烈们的人生经历具有主导性作用。一方面，人生观是各位烈士人生发展道路和方向的指针，决定了他们选择投身革命、英勇牺牲的人生道路。更为关键的是，人生观是人们道德品德修养的思想基础，决定着人们在社会生活中的道德倾向，制约着人们的道德观念和道德行为。[②] 雨花英烈的高尚道德情操，源自共产主义人生观的思想基础，于是又拥有了超越以前历史上优秀传统品格的鲜明进步性、革命性。

首先，雨花英烈的高尚道德情操表现为忠于人民，将为人民服务的心愿融入人生目的。

人生目的是每个人所处的一定历史条件和社会关系的产物，具

---

① 王育倩主编：《共产主义道德概论》，经济科学出版社，1986年，第146页。
② 陈成文、高小枚：《朱德思想政治工作理论研究》，经济日报出版社，2010年，第49页。

有鲜明的主体性和阶级性。同一个历史时期，不同阶级的人们对于人生目的会有不同的看法。而在人生的漫漫道路上，每个人进行任何一项实践活动，都不可避免从主观上带有一定的目的性。于是，"人应当怎样生？路应当怎样行"的问题，是每个人事实上都不能回避的问题。人生目的是指人在社会实践中关于活动的对象性的根本看法。历史唯物主义有一条基本原理：人民群众是真正的英雄和社会历史的创造者。坚持为人民服务的人生目的，其实正是坚持历史唯物主义这一基本原理的必然要求。

将为人民服务的心愿融入人生目的，是共产主义人生观的核心观念，也是共产主义人生观与一切剥削阶级人生观的根本区别。雨花英烈们生活里普遍表现出的乐于清贫，和剥削阶级普遍表现出的奢靡、无度的风气形成了鲜明对比。其实这些日常生活里的人生印记，都是雨花英烈们道德情操方面心系大众、忠于人民的表现。

其次，雨花英烈的高尚道德情操表现为忠于祖国。最广大人民群众的利益都和祖国休戚与共。历史上，有的统治者为了一己私利而出卖国家，损害的是千千万万底层人民的利益。人民命运与国家利益、民族前途之间有不可分割的联系。于是，即使在封建王朝里，对祖国的忠诚也是社会公认的各类道德情操里最重要的部分之一。中华民族几千年的历史，可以说就是一部熠熠生辉的爱国主义历史。

雨花英烈们所处的时代，中国正受到帝国主义列强的压迫和侵略，广大底层人民生活于苦难之中。雨花英烈从内心里忠于祖国，在特定时期为国家独立自主、领土完整、人民解放而英勇斗争，是他们每个人的人生观决定了的必然行为。

其三，雨花英烈的高尚道德情操表现为忠于革命，富有革命气节。

气节，指志气和节操，是一个人内在品质的重要体现。革命者对于自己从事的革命事业能否忠诚，是区分真革命者还是假革命者的关键。而英烈们面对各类考验时，用实际行动表现出的崇高革命气节，是他们对于革命事业赤胆忠心的最好写照。

回顾雨花英烈们的事迹，无不蕴藏有革命英雄主义光芒。他们面对凶残的敌人时，不惜一切维护革命气节，是向人民表达了对革命事业最忠诚的立场、对革命胜利最殷切的向往，也表现出革命者不可战胜的力量。唯有忠于革命、有革命气节的人，才在任何情况下都不会让人生观扭曲，都不会忘记身担的使命，都不会丧失对革命必胜的信心。也唯有忠于革命、有革命气节的人，才能经受血与火、名与利的考验。

三、为民牺牲的大无畏精神是雨花英烈精神的本质

雨花英烈精神是中国近代千千万万壮烈牺牲了的革命烈士的精神。雨花英烈群体里每个人的履历，结尾处都有一个共同词语：牺牲。他们每个人都在投身革命斗争后牺牲了自己个人的一切，包括宝贵的生命。

他们是为谁而牺牲的？是为了人民而牺牲的，这是新民主主义革命时期中国共产党人为人民服务理念的一个重要表现，也是真正的共产党人为了履行理想信念的人生进程中必备的精神素质。毛泽东在著名的《为人民服务》一文里曾经提出："中国人民正在受难，我们有责任解救他们，我们要努力奋斗。要奋斗就会有牺牲，死人的事是经常发生的。但是我们想到人民的利益，想到大多数人民的痛苦，我

们为人民而死，就是死得其所。"①

为民牺牲的大无畏精神，首先着眼于不怕牺牲个人生命（狭义理解中的"牺牲"特指为正义事业舍弃生命）的英雄事迹。实际上，这一内涵里的"牺牲"又是一个广义上的概念，其词意包括舍弃个人的利益。

结合雨花英烈们的事迹可以知道，"为民牺牲"包括两个层面的经历：首先是雨花英烈们为了人民而投身革命后，在革命事业中舍弃个人的诸多利益，把人生奉献给了革命事业，展现了雨花英烈对信念、对人民的无限忠诚。而后是英烈们革命斗争经历的最后阶段，每一个烈士都为了人民、为了理想事业而舍弃了个人生命。

据此，"为民牺牲的大无畏精神"也对应了两个层面的"毫不畏惧"，其一，是雨花英烈们为了人民投身革命以后，毫不畏惧付出个人利益作为投身革命的允诺。其二，是雨花英烈们面临生与死两条道路的最后抉择时，为了人民而毫不畏惧选择放弃求生的一条道路，最后为了践行自己也是所有革命者的共同美好理想而勇于付出最为宝贵的生命。

从上述分析而言，为民牺牲的大无畏精神主要是人生价值观层面的选择。不惜奉献出个人利益和牺牲个人生命是价值取舍表现。在为人民建设美好社会的革命理想漫漫征程中要经历各类艰难困苦，不可能不以付出个人利益为代价。于是，革命岁月里，一个人如果从内心里畏惧付出个人利益，很难想象他会为了人民利益而投身革命事业；即使一度参加了革命，也会因个人利益受损而半途而废或背弃初心。

---

① 《毛泽东选集》（第三卷），人民出版社，1991 年，第 1005 页。

同样一个道理，如果畏惧为了人民而舍弃生命，参加革命后发现有生命危险就势必会提前退出革命事业。在面对生与死关头的时候，任何参加革命的人一旦对能否舍弃个人生命有了动摇，很可能就会向敌人屈膝投降、出卖革命事业和人民利益，从而成为革命的叛徒。这种生死考验也是对人性的最大挑战！

为民牺牲的大无畏精神贯穿了雨花英烈事迹的方方面面，可以说是雨花英烈精神内涵里的极为宝贵的部分。正是在特殊的历史背景下，围绕着对于牺牲个人利益和牺牲个人生命都毫不畏惧这个核心精神，雨花英烈精神才能够在中国革命史波澜壮阔的舞台上留下壮丽的篇章。从这个意义上来说，每一个人都是勇士又是烈士的雨花英烈群体，其革命精神是关于理想、忠诚、奉献、勇气、牺牲的精神。因此，革命者面对需要"舍弃"自我利益时能否"大无畏"，归根结底是一个价值观问题。

世界观决定价值观，一个人拥有什么样的世界观就会有什么样的价值观。而世界观发生变化，价值观也会随之发生变化。因此，正确的价值观的形成必须以科学的世界观为前提。雨花英烈们树立的马克思主义世界观，直接决定了他们可以拥有共产主义价值观。而为了人民能够毫不畏惧舍弃一切个人利益乃至个人生命这一人生选择，是共产主义价值观投射到雨花英烈们的实际行动里的现实表现。

"为民牺牲"的论断，回答了一个价值观领域的关键问题：雨花英烈们究竟是为了什么而有勇气心甘情愿牺牲个人面对的高官厚禄的诱惑、安逸生活的机遇、亲情爱情的享受、升学深造的机会，乃至到了最后每个人都甘愿牺牲了最宝贵的生命呢？就是因为他们心中装着他们的同胞——最广大的人民。而这一大无畏精神，究其渊源是中国共产党人的初心和使命。党的十九大报告指出："中国共产党人的初心和使命，就是为中国人民谋幸福，为中华民族谋复兴。""我们党深刻认识到，实现中华民族伟大复兴，必须推翻压在中国人民头上的帝国主义、封建主义、官僚资本主义三座大山，实现民族独立、人民解放、国家统一、社会稳定。"可见，中国共产党人的初心和使命包括两大方面的内容，一是为中国人民谋幸福，二是为中华民族谋复兴。在当时的历史背景下，实现中华民族伟大复兴又必须首先推翻压在中国人民头上的三座大山，为了实现这一伟大使命，共产党人必须随时准备牺牲，这在雨花英烈的身上表现得最为典型。

综上所述，雨花英烈们投身革命事业，追本溯源是为了人民的解放和人民的幸福。大无畏精神里的"大无畏"一词，是每一位英烈经过价值观权衡后将人民放到了比个人利益乃至个人生命更为重要的地位，才有惊天动地的勇气直面敌人的酷刑和枪口。

第二章 雨花英烈精神形成的思想文化渊源与历史背景

第一节 中华优秀传统文化是雨花英烈精神的历史文化渊源

马克思曾经指出："人们自己创造自己的历史，但是他们并不是随心所欲地创造，并不是在他们选定的条件下创造，而是在直接碰到的、现实的、从过去承继下来的条件下创造。"[①] 民族优秀文化传统，就是上述诸多"条件"的基本内容之一。民族文化传统是民族心理、民族性格的重要构成，浸透于人们的生活方式、风俗习惯、观念意识及思想情感之中，是活动于其间的人们自然获得的文化历史滋养和需要面对的前提条件。进行民族独立和人民解放伟大事业的共产党人来自于人民，自然不能够脱离优秀民族文化传统的深刻影响。中国共产党在长期的革命斗争实践中，积极自觉地大量吸收采取了民族文化传统中优秀的、合理的因素和成分，正如习近平总书记在十九大报告中所说"中国共产党从成立之日起，既是中国先进文化的积极引领者和

[①]《马克思恩格斯选集》（第一卷），人民出版社，1995 年，第 585 页。

践行者，又是中华优秀传统文化的忠实传承者和弘扬者"①。雨花英烈精神可谓是这方面的典型和集大成者。

中华民族有着 5000 多年连绵不断的文明历史，孕育了博大精深的中华优秀传统文化，中华农业文明发展水平长期居于世界前列。当然，在中国文化发展进程中，也接受过外来的文化，如公元 1 世纪前后传入的佛教文化，7 世纪后进入的阿拉伯文化，明代晚期利玛窦开始的欧洲天主教文化及清朝康熙、乾隆时期西方文化的传入等。但这些并没有对中国的政治、经济产生根本性影响，涉及层面主要还是在于生活"文化"，尤其是宗教文化。其原因主要是中国拥有广大的国土，悠久深厚的民生文化，强大的中央集权体制，独特的儒、道精英文化系统，汉字汉语教育体系，强大的农业经济和发达的手工业经济系统，密集的城乡聚落体系等，外来文化很难全面颠覆这一文明体系。

尤其是中国人民具有悠久的追求自由、公正、平等、仁爱的传统，为了这些，每当统治阶级横征暴敛，搞得民不聊生时，就会有英雄人士振臂而起，组织被压迫阶级奋起反抗，不惜以命相拼，追求他们正当的利益；每当国家遇到危难之时，我们民族中就涌现出一批仁人志士伸张正义，无惧牺牲。孔子的"志士仁人，无求生以害人，有杀身以成仁"；孟子的"富贵不能淫，贫贱不能移，威武不能屈"；北宋张载的"为天地立心，为生民立命，为往圣继绝学，为万世开太平"；范仲淹的"先天下之忧而忧，后天下之乐而乐"；南宋岳飞的"不捣黄龙誓不还"；文天祥的"人生自古谁无死，留取丹心照汗青"；明代

---

① 习近平：《决胜全面建成小康社会 夺取新时代中国特色社会主义伟大胜利》，人民出版社，2017 年，第 44 页。

于谦"粉身碎骨全不怕，要留清白在人间"；东林党人的"风声雨声读书声声声入耳，家事国事天下事事事关心"；顾炎武的"天下兴亡，匹夫有责"；清代林则徐的"苟利国家生死己，岂因祸福避趋之"等等。许多英雄豪杰、仁人志士在国难、荣辱、取舍面前无不大义凛然，直指人心，痛切时弊，忧国忧民，敢于牺牲。历代优秀中华儿女，用生命铸造了民族之魂，也深深影响着每一位有理想、有血性的中国人，更形成了中国优秀知识分子的生活信念和人格追求。

雨花英烈中大多数人都出生于晚清或民国初年，他们在少年或青年时期大都接受过优秀传统文化教育，而这些优秀的传统文化对他们的思想行为和人生抉择都产生了深远的影响，从一些烈士的遗作中就能充分感受到这种影响的存在。如出生于书香门第的恽代英烈士，他早在1919年1月25日的日记中就写道："试思人禽之别，君子小人之别何在？范纯仁曰：'与有愧心而生，不若无愧心而死。'顶天立地大丈夫，宁自安禽兽小人之境耶！"[1]陈原道烈士在读中学期间的作文中就说"身可杀，而爱国热血不可消；头可断，而救国苦衷不可灭"；谭寿林烈士在中学时的作文中讲"天下有事，丈夫当以功济四海"；胡秉铎烈士在学生时代的座右铭就是"齐家治国平天下，由吾辈担当！"等等。可以毫不怀疑地说，在雨花英烈的身上，流淌着中华优秀传统文化的血脉。

中华民族优秀传统文化是雨花英烈精神的重要来源之一。雨花英烈精神深深地植根于民族优秀传统之中，构成了她出发和生长的最

---

[1] 中央档案馆、中国革命博物馆、中共中央党校出版社编：《恽代英日记》，中共中央党校出版社，1981年，第471页。

深层次的文化根基。当然，雨花英烈精神的最终形成，离不开先进的马克思主义的培育，正是在此基础上，才发育成长为崇高理想信念，高尚道德情操，无私奉献、为民牺牲的精神特质，从而完成了对中华优秀传统文化的升华与超越。

第二节 马克思列宁主义是雨花英烈精神的思想指南

雨花英烈精神中最重要的文化来源是先进的马克思主义。中国共产党革命精神的形成与发展离不开马克思主义的指导。"没有革命的理论，就不会有革命的运动。"[1] 马克思主义是揭示客观世界特别是人类社会发展一般规律的科学，是无产阶级认识世界和改造世界的锐利思想武器。中国共产党自成立之日起，就把马克思主义确立为自己的指导思想，写在自己的旗帜上。伴随革命实践一路走来的中国革命精神，从孕育、形成到发展，始终离不开马克思主义的指导，其蕴含的核心要素均来源于马克思主义的理论观点。

中国先进分子之所以选择马克思主义，使得马克思主义成为雨花英烈精神的理论来源，其原因有以下几个主要方面：

首先，马克思主义具有科学性与革命性。

马克思列宁主义是无产阶级的世界观和方法论，是无产阶级进行革命斗争和夺取革命胜利的行动指南。大革命失败后，中国共产党特别重视对马克思列宁主义理论的学习和研究，尤其注重马克思列宁主义中国化这一课题，涌现了一批学习和研究马克思列宁主义的著作，

---

[1] 韦建桦主编：《列宁专题文集（论无产阶级政党）》，人民出版社，2009年，第70页。

如《联共（布）党史》《社会主义从空想到科学的发展》《路德维希·费尔巴哈与德国古典哲学的终结》《共产主义运动中的左派幼稚病》《新哲学大纲》《反杜林论》《资本论》等。毛泽东也在繁忙而艰苦的斗争环境中，做了大量的具有创造性的理论研究工作，写出了《中国革命和中国共产党》《矛盾论》《实践论》《论持久战》《中国革命战争的战略问题》《新民主主义论》《论联合政府》等重要论著和文献，对马克思主义中国化问题进行了具体深入的探讨和研究。

马克思列宁主义理论学习及其应用的广泛、普及和深入，为雨花英烈精神的形成、发展奠定了坚实的理论基础，提供了丰富的理论营养。崇高的革命理想信念是马克思列宁主义的一条主线，进而成为雨花英烈精神的灵魂。马克思主义经典作家们深刻地阐述了无产阶级革命的理想目标和斗争任务，即消灭私有制，推翻和打碎"存在着阶级和阶级对立的资产阶级旧社会"，最终在人类历史上建立起人人共享发展成果的共产主义的社会制度。[①] 且马克思、恩格斯明确要求，领导无产阶级进行革命斗争的共产党人，要特别坚定地信仰共产主义、树立起始终不渝的革命理想。在实践方面，"共产党人是各国工人政党中最坚决的、始终起推动作用的部分"，在理论方面，"他们胜过其余无产阶级群众的地方在于他们了解无产阶级运动的条件、进程和一般结果"。[②] 再如，关于大无畏的革命精神。科学的革命理想与高远的斗争目标，使马克思主义理论洋溢着前所未有的大无畏革命英雄主义气概和勇于牺牲的革命精神。马克思、恩格斯在标志着马克思主义

---

① 《马克思恩格斯选集》（第一卷），人民出版社，1995年，第294页。
② 《马克思恩格斯选集》（第一卷），人民出版社，1995年，第285页。

诞生和创立的《共产党宣言》中，以彻底的唯物主义姿态，向全世界豪迈地宣告，"让统治阶级在共产主义革命面前发抖吧。无产者在这个革命中失去的只是锁链。他们获得的将是整个世界"① 等。毛泽东在 1936 年回顾自己的思想转变情况时说："有三本书特别深刻地铭记在我的心中，使我树立起对马克思主义的信仰。我接受马克思主义，认为它是对历史的正确解释，以后，就一直没有动摇过。这三本书是：陈望道译的《共产党宣言》，这是用中文出版的第一本马克思主义的书；考茨基著的《阶级争斗》，以及柯卡普著的《社会主义史》，到了1920 年夏天，我已经在理论上和在某种程度的行动上，成为一个马克思主义者，而且从此我也自认为是一个马克思主义者了。"② 和毛泽东有相似经历的也应该包括雨花英烈在内的许多早期共产党人。

其次，中国革命实践需要先进理论指导。

伟大的革命呼唤伟大的理论。马克思在《〈黑格尔法哲学批判〉导言》中有一句至理名言："理论在一个国家实现的程度，总是决定于理论满足这个国家的需要的程度。"③ 毛泽东也指出："旧的顽固的封建主义的思想武器打了败仗了，抵不住，宣告破产了。不得已，中国人被迫从帝国主义的老家即西方资产阶级革命时代的武器库中学来了进化论、天赋人权论和资产阶级共和国等项思想武器和政治方案，组织过政党，举行过革命，以为可以外御列强，内建民国。但是这些东西也和封建主义的思想武器一样，软弱得很，又是抵不住，败下阵来，

---

① 《马克思恩格斯选集》（第一卷），人民出版社，1995 年，第 307 页。
② 《毛泽东自述》，人民出版社，1993 年，第 39 页。
③ 《马克思恩格斯选集》（第一卷），人民出版社，1995 年，第 11 页。

宣告破产了。"① 显然,当西方种种思想、学说、主义都显得无能为力时,中国先进分子将马克思主义引入神州大地,研究它、运用它,无疑顺应了时代的要求,符合中国革命的需要。因此,"马克思列宁主义来到中国之所以发生这样大的作用,是因为中国的社会条件有了这种需要"。

第三,俄国十月革命的胜利坚定了中国先进分子的理论自信。

"近代以后,争取民族独立、人民解放和实现国家富强、人民幸福就成为中国人民的历史任务。在旧式的农民战争走到尽头,不触动封建根基的自强运动和改良主义屡屡碰壁,资产阶级革命派领导的革命和西方资本主义的其他种种方案纷纷破产的情况下,十月革命一声炮响,为中国送来了马克思列宁主义,给苦苦探寻救亡图存出路的中国人民指明了前进方向、提供了全新选择。"②

在十月革命的影响下,中国先进分子迅速提高了自己的政治觉悟。他们认识到,资本主义制度也是矛盾百出,未来代替它的是无产阶级的社会主义。因此,中国先进分子迅速地接受了马克思主义,由民主主义转向了共产主义的立场,决心走俄国人的路。毛泽东曾指出:"十月革命帮助了全世界的也帮助了中国的先进分子,用无产阶级的宇宙观作为观察国家命运的工具,重新考虑自己的问题。走俄国人的路——这就是结论。"③

第四,马克思主义与中国优秀传统文化的融合。

---

① 《毛泽东选集》(第四卷),人民出版社,1991年,第1514页。
② 习近平:《在纪念马克思诞辰200周年大会上的讲话》,《人民日报》2018年5月5日第2版。
③ 《毛泽东选集》(第四卷),人民出版社,1991年,第1471页。

在 5000 多年的文明发展中，中国优秀传统文化随着历史的延伸，慢慢地沉积在中国人的心里，成为中国人寻求自身发展道路的宝贵思想资源。这种文化传统主要包括大同、仁爱、道义、诚信、天下为公、家国情怀、自强不息、厚德载物等思想理念，这些思想理念直接影响到中国人对马克思主义的信仰认同度，成为马克思主义与中国优秀传统文化融合的文化基础。中国共产党的创建，既是马克思主义与中国工人运动相结合的产物，也是马克思主义与中国优秀传统文化相融合的结果。因此，雨花英烈精神也正是马克思主义与中国优秀传统文化相融合的精神结晶。

第三节　中华民族近代以来救亡图存的历史使命是铸造雨花英烈精神的源动力

中华民族近代革命诞生于古老的历史命题和 19 世纪中叶到 20 世纪中叶最新的挑战之中。

一、古老历史命题的呼唤

秦朝到清代延续了近 2000 年的一个古老命题就是：先秦儒家提出的"天下为公"的社会理念与"家天下"封建专制主义体制的反复冲突，反封建和在中国能否及如何建立更加美好的社会，以及建立什么样的社会？

《礼记·礼运》中提出："大道之行也，天下为公，选贤与能，讲信修睦。故人不独亲其亲，不独子其子，使老有所终，壮有所用，幼有所长，鳏、寡、孤、独、废疾者皆有所养，男有分，女有归。货恶其弃于地也，不必藏于己；力恶其不出于身也，不必为己。是故谋闭而不兴，盗窃乱贼而不作，故外户而不闭，是谓大同。"这就是先秦时期儒家提出的建立"大同"社会的理想模式。

但是，中国古代以皇帝为代表的地主统治阶级的贪婪、奢靡、腐朽不可控制并导致阶级冲突不断。其中，秦代到清代发生的大型农民起义就有40多次。平均每50年左右就会发生一次大规模农民起义战争。如陈胜、吴广起义（秦），绿林、赤眉起义（西汉），张角起义（东汉），孙恩、卢循起义（两晋），破六韩拔陵起义（南北朝），瓦岗军农民起义、窦建德起义（隋末），黄巢起义（唐），王小波、李顺起义（宋），刘福通起义（元末），李自成、张献忠起义（明末），太平天国起义（清）等。这种以农民为主的反抗运动的规模之大，"是世界历史上所仅见的"[1]。反复发生的阶级利益冲突形成了中国历史上特有的王朝兴亡循环的周期率。反封建主的人上台之后自己又变成了封建主。但这些农民斗争蕴含了不畏强暴、奋起抗争的英勇革命精神，铸就了中华文化中反抗压迫、反抗侵略、追求平等、勇于斗争的优秀传统，推动着后来者为建立更加美好的社会而积极奋斗。

二、19世纪中叶到20世纪中叶最新的挑战

1840年鸦片战争之后中国人面临的最新挑战是：如何推翻西方帝国主义带来的巨大民族灾难和抵制殖民主义侵略，进而建立独立自主的现代化新型国家，最终实现伟大的民族复兴？

17—18世纪，西方国家完成了科学革命、工业革命、资本主义化，

---

[1]《毛泽东选集》（第二卷），人民出版社，1991年，第625页。

新生的强大的工业文明和资本主义的经济扩张、军事殖民以及先进的科学知识系统和新型的资产阶级国家体制，使西欧及西欧文明的"迁移体"如美国，"模仿体"如日本等资本主义国家先后诞生。

19世纪，世界的国家和民族竞争成为工业文明与农业文明的竞争，资本主义与封建主义的竞争。但是，这一切并不意味着先进国家对落后国家的侵略战争是正义的。国家之间的交往应该是平等的。西方帝国主义国家依靠先进武器、野蛮的侵略战争方式、强大的商品和技术及其文化而推动的帝国主义"殖民化"席卷全球。

19世纪中叶，以科学社会主义及共产主义思想为核心的马克思主义在欧洲诞生。1848年2月，标志着马克思主义诞生的经典著作《共产党宣言》发布，共产党、社会主义、共产主义的信仰和奋斗目标开始在人类历史的地平线上升起。这是中国共产党人红色革命思想的源头。

英国侵略者于1840—1842年发动鸦片战争。1842年8月29日，在第一次鸦片战争中战败的清朝政府与英国侵略者在泊于南京下关江面的英军旗舰"康华丽号"上签订我国历史上第一个丧权辱国的不平等条约《南京条约》（又称《江宁条约》），中国主权国家的独立地位开始遭到了破坏，我国开始逐步沦为半封建半殖民地社会。此后，西方列强相继以发动战争等不同方式强迫清政府签订了一系列不平等条约，中国半殖民地半封建社会的程度和"亡国灭种"的危机都不断加深，人民疾苦和国难日益深重。据统计，从1842年英国强迫中国签订第一个不平等的《南京条约》起，西方列强在1842—1919年间共迫使中国签订了709个不平等条约。其中，英国163个，日本153个，沙俄104个，法国73个，德国47个，美国41个，比利时26个，葡萄牙 13 个，意大利 7 个，荷兰 5 个，奥地利 5 个，西班牙 4 个，其他国家 68 个。[1]不平等条约的形式名目繁多，核心内容却只有一个——为了入侵者的国家利益，侵犯"积贫积弱"的中国的主权、掠夺中国的领土和财富、剥夺中国人民独立自主发展的权利。这样的形势使得无数的爱国志士忧心如焚，"彼白人今日所施于支那之政策，何一非前时所施于印度之政策乎？彼印度前日所经过之历史，何一非支那现在亲历之历史乎？……呜呼，支那支那，尔其竟为印度之续哉夫？"[2]龚自珍的诗："九州生气恃风雷，万马齐喑究可哀。我劝天公重抖擞，不拘一格降人才。"这是当时的爱国志士面对中国正在经历的民族危机时发出的呐喊。

伴随着"亡国灭种"危险的是救国之声和爱国之士的不断兴起，以"反对帝国主义"和"反对封建主义"为主要任务的中国近代革命运动由此而发生。

1851—1864 年的太平天国农民运动，既带有旧式的反封建的农民战争特点，但因其发生于特定的历史背景下，又带有一定程度的资产阶级民主革命的性质。1865—1894 年的洋务运动，则直接促进了中国资产阶级和工人阶级的诞生。

1894 年中日甲午战争爆发，次年清朝战败并与日本签订了《马关条约》，标志着历时 30 余年的洋务运动富国强兵理想的失败。《马关条约》还加深了中国的半殖民地化，直接导致中国人民挽救民族危

---

[1] 王庭岳：《崛起的前奏：中共抗战时期对外交往纪实》，世界知识出版社，1995 年，第 319 页。
[2] 《印度灭亡之原因》，《浙江潮》第一期，转引自金冲及、胡绳武：《辛亥革命史稿》，上海人民出版社，1980 年，第 14 页。

亡的运动高涨，民族资产阶级掀起了志在改良国家政治局面的维新变法运动和民主革命运动。

1898 年的维新变法是带有一定资产阶级性质的妥协改革运动，目标是通过君主立宪制度建立地主阶级和资产阶级联合的政权，引领国家走上新路。但是，腐朽的清朝统治者不愿意放弃专制权力，导致变法失败。维新派人士要么被杀，要么逃亡。维新运动是中国资产阶级的政治代表维新派领导的爱国救亡运动，对于近代中国民族的觉醒起了巨大的推动作用。维新运动的失败表明，在近代中国，企图通过统治者走自上而下的改良主义妥协道路是行不通的。

1899 年的义和团运动，八国联军侵华，《辛丑条约》签订，可谓内外危机并存。清政府为了维持自己的统治，竟然提出要"量中华之物力，结与国之欢心"。清王朝卖国政府和帝国主义侵略者共同成为中国人民之敌。中国"亡国灭种"危机加剧。事实表明，清政府已陷入无法照旧统治下去的境地。正如孙中山所形容，清政府"可以比作一座即将倒塌的房屋，整个结构已从根本上彻底地腐朽了，难道有人只要用几根小柱子斜撑住外墙就能够使那座房屋免于倾倒吗？"[1] 革命如箭在弦上，一触即发。1905 年，以孙中山为代表的资产阶级革命党人，在日本东京成立资产阶级革命政党——中国同盟会，以民族资产阶级为代表的旧民主主义革命开始，又提出"三民主义"革命纲领（民族、民权、民生），被概括为"驱除鞑虏，恢复中华，建立民国，平均地权"。这既有中国传统革命的目标，也有新的革命理念。不同的救国理念使"革命派"与"立宪派"发生斗争。以孙中山先生为代

---

[1]《孙中山选集》（上），人民出版社，2011 年，第 71 页。

表的先进中国人为推翻腐朽的清政府、建立新型的资产阶级民主国家举行了多次起义，做出了很大牺牲。

1911 年 10 月在武昌发生辛亥革命，1912 年 1 月孙中山先生在南京就任中华民国临时政府临时大总统。革命推翻了黑暗、反动的清政府，结束了延续 2000 多年的中国君主专制制度，建立了亚洲第一个资产阶级的民主共和国。值得一提的是，民主共和的形式有了，民主共和的精神却不可能马上建立起来。

以孙中山为首的南京临时政府仅存三个月，之后政权落入大地主、大买办代表人物袁世凯手中，北洋政府出现。1912—1928 年的北洋政府统治时期，尽管社会也有诸多进步，但是，军阀割据和混战灾难不断，中国落后的社会性质，中国人民面临的灾难、困苦，中华民族的深重危机等并未能根本改变，故孙中山说"革命尚未成功"。辛亥革命没有解决中国的根本问题，袁世凯甚至一度还想恢复帝制。从这个意义上讲，无论辛亥革命的成功与否，都表明：在半殖民地半封建的中国，资本主义的建国方案也是行不通的。

北洋政府时期，虽然政治动乱，但第一次世界大战（1914—1918）期间，中国的工业化尤其是以上海为中心的长三角地区的工业化得以推进，工人阶级队伍在壮大（1919 年初已经达到 200 万人左右），文化上也有显著进步，外来新文化大量涌入。就在这个过程中，新的革命力量形成了，新的工人阶级，新的接受过现代科学知识教育的知识分子群体出现了，新的革命理论——马克思主义——进来了。这些为中国人民展现了新的希望和革命前景。

1915 年 9 月 15 日，《青年杂志》（后改名为《新青年》）在上海创刊，新文化运动开始，它以"民主和科学"为号召，领导者是小资产阶级知识分子。从实业救国、教育救国、科学救国，到革命救国、民主救国，中国的先进知识分子一直在苦苦探索，在救国救民的奋斗中成长。1917 年，俄国无产阶级领导的十月革命成功。苏联及共产国际出现，给中国先进知识分子展现了新的希望和方向。1918 年 7 月 1 日，在日本留学期间已经接触过马克思主义的李大钊立即发表《法俄革命之比较观》，指出十月革命的社会主义性质，号召中国人民迎接这种新的革命潮流。当年 11 月，他在《新青年》发表《布尔什维主义的胜利》，欢呼"试看将来的环球，必是赤旗的世界"。在这种时代背景下，只要帝国主义和国内反动势力相互勾结，给中国人民带来新的灾难，新的社会力量、新的文化自觉就会被激活、整合，从而形成新的革命力量和革命运动。五四运动就是在这个背景下出现的。1919 年 5 月 4 日，反帝爱国的五四运动爆发。《巴黎和约》是五四运动的导火索，"科学"和"民主"是号召，苏联是革命成功的榜样与鼓舞。

此后，陈独秀、李大钊、毛泽东、陈潭秋、邓中夏等一批具有初步共产主义思想的先进知识分子在全国不同地区开始走上与工人运动相结合的道路，并逐渐形成一个坚强有力的领导核心及共同的伟大革命精神。恩格斯指出："一个知道自己的目的，也知道怎样达到这个目的的政党，一个真正想达到这个目的并且具有达到这个目的所必不可缺的顽强精神的政党，——这样的政党将是不可战胜的。"[1] 以崇高理想信念、高尚道德情操、为民牺牲的大无畏精神为主要内容的雨花英烈精神，就是中国先进分子在创建中国共产党的实践中形成的"顽强精神"。雨花英烈精神是对此前仁人志士为国家、民族的出路进行

---

[1]《马克思恩格斯全集》（第 39 卷），人民出版社，1974 年，第 139 页。

艰辛探索中展现出来的抗争精神、自强不息精神、自我牺牲精神等崇高革命精神的传承、升华和创造。

第四节 中国共产党的诞生与成长是雨花英烈精神形成的根本条件

"中国有了中国共产党执政，是中国、中国人民、中华民族的一大幸事。只要我们深入了解中国近代史、中国现代史、中国革命史，就不难发现，如果没有中国共产党领导，我们的国家、我们的民族不可能取得今天这样的成就。"[1]1921年7月，中国共产党诞生，积极领导开展反帝反封建的民族民主革命，推翻黑暗现实建设美好共产主义社会，成为中国共产党的最高纲领和最终奋斗目标。这个目标构成了新民主主义革命的纲领，与孙中山的"新三民主义"相契合，1924年国共合作、黄埔军校创办、1926年北伐战争的革命形势才得以形成。

1921年之后，中国革命的内容和目标、敌我双方都发生了重大改变。雨花台烈士群体就是在这样的进程之中（1926—1949）诞生的。中国共产党诞生之后，经过艰苦奋斗，逐渐成长，1924年1月实现第一次国共合作，1925年3月孙中山先生去世，1926年7月开始的推翻北洋政府的北伐战争及其胜利，为国民党内的大地主阶级、大资产阶级代表人物蒋介石赢得了政权。1927年4月，蒋介石背叛革命，推翻了孙中山先生与中国共产党人达成的合作方式与合作目标，悍然发动四一二反革命政变，大批共产党人和同情革命的进步人士遭到野

---

① 《习近平谈治国理政》（第二卷），外文出版社，2017年，第20页。

蛮屠杀。到 7 月 15 日，以汪精卫为首的武汉国民政府也作出"分共"决定，宁汉合流，又一批共产党人被杀害。1924—1927 年国共两党合作进行的大革命在蒋介石、汪精卫的背叛和屠杀中彻底失败。

雨花台革命烈士群体和雨花英烈精神就是在 1926 年北伐战争开始及其成功和大革命失败的曲折而苦难的过程中诞生的。她是马克思主义信仰与中国优秀传统文化相结合之后的伟大升华，是在中国共产党人的苦难与牺牲中开放出的最绚丽的精神之花，是中华民族走向光明未来的重要力量源泉。

先进的共产党人在吸取大革命失败的教训后，从血泊中站起来继续革命，革命的对象从北洋军阀变成了新的南京国民党政权。一批在国共合作期间创办的黄埔军校中成长起来的共产党员认识到武装斗争的重要性，通过南昌起义、创立井冈山根据地，走"农村包围城市"的道路，创立了瑞金苏区（中华苏维埃共和国）。1931 年 9 月 18 日，日本侵略军在中国东北制造了震惊中外的九一八事变，中华民族和中国共产党人又增加了新的顽敌。但是，蒋介石政权竟然坚持"攘外必先安内"方针，置共同抵御外敌的呼吁而不顾，连续发起对新生的中国革命力量的围剿，加之共产国际和中共党内领导人员不切实际的错误指挥，使革命根据地遭受重创，红军被迫长征。1934—1936 年的长征，在遵义会议上确立了以毛泽东为代表的中国共产党和红军的领导集体，也确立了以毛泽东为核心的党中央的正确领导，这是中国共产党政治上走向成熟的标志。

随着日本侵略者不断蚕食侵犯华北，中华民族面临着空前严重的危机。1935 年 12 月 9 日，北平学生抗日救亡游行示威活动迅速扩大为全国性运动，停止内战、一致抗日，成为中国共产党人和全国人民的呼声，中共先后发表的《八一宣言》《关于逼蒋抗日问题的指示》等都将矛头对准中华民族共同的敌人——日本帝国主义侵略者。华北事变促使国民党统治集团内部发生分化，也为国共两党实现第二次合作提供了必要性和可能性。1936 年 12 月西安事变发生，蒋介石作出"停止剿共，联合抗日"等 6 项承诺。1937 年 7 月 7 日，日本侵略者处心积虑挑起卢沟桥事变，意欲迅速出兵占领华北，进而占领整个中国，中华民族到了最危险的时刻。1937 年 9 月，《国共合作宣言》发布，第二次国共合作、共同抗击日本侵略者的全民族抗日战争开始。1937年 8 月至 10 月，八路军、新四军先后建立，到 1945 年 9 月抗战胜利，期间国民党内的反共顽固派掀起过 3 次反共高潮。抗战胜利后的1946 年 6 月 26 日，国民党拒绝和撕毁停战协定与政协协议，发动全面内战。1947—1949 年，中国共产党领导的人民解放战争通过辽沈、淮海、平津三大战役，彻底扭转了国、共双方力量（解放军由内战前的 127 万人增加到 310 万人，国民党军则由 430 万人减少为 290 万人）和战局形势（华北、东北全境解放）。1949 年 4 月 20 日打响渡江战役，23 日，人民解放军攻克国民党政府首都南京，标志着国民党反动统治的结束。一个旧时代的终结和一个新时代的到来在南京总统府和雨花台获得定格。

从 1921 年 7 月开始，以 50 多名共产党员为代表的革命力量如星星之火，在中国大地上燃起，以燎原之势取得了革命的初步胜利。1949 年 10 月 1 日，中国共产党领导全国人民用鲜血换来的新中国诞生在世界的东方。在新民主主义革命过程中，为革命胜利而牺牲的共产党人有 379 万人，地处国民党统治心脏中的南京雨花台就是在这个过程中展现了它极其特殊的地位，正如烈士黄励在狱中墙上所写下的：

"雨花台,雨花台,红骨都在那里埋!"当时的雨花台不是敌我双方枪对枪、刀对刀的硝烟战场,却是正义和邪恶之间在信念、力量、意志上更加惨烈的较量与战斗场所。雨花英烈没有辱没共产党人的称号和人格,以奉献自己宝贵的生命为代价铸造了伟大、崇高、永恒的雨花英烈精神。

第三章 雨花英烈精神之一：崇高的理想信念

　　理想和信念是一个人的精神支柱，也是一个组织或一支军队的精神支柱。人类社会实践的动力，既有物质的力量，也有精神的力量。物质是基础，精神也绝不容忽视，而且后者还显示出更加深沉、持久的力量。崇高理想信念就是一种巨大的精神力量。在战胜困难与挫折时，崇高理想信念能提供强大的精神支撑。崇高理想信念还能激起人们为之献身的热情，给人以明确的人生方向和无穷的力量；能鼓舞人的斗志，使人始终满怀信心，奔向既定目标。古希腊哲学家苏格拉底有句名言："世界上最快乐的事，莫过于为理想而奋斗。"

　　在马克思主义进入国人视野之前，中国先进分子改造社会的探索大多失败。但是，这些探索为他们最终接受马克思主义奠定了思想和实践基础。十月革命的胜利，给中国送来了马克思列宁主义，使得在迷茫中探索的中国先进分子看到了希望，并促使他们最终接受马克思主义。正如毛泽东在《论人民民主专政》中所总结的那样："中国人向西方学得很不少，但是行不通，理想总是不能实现。多次奋斗，包括辛亥革命那样全国规模的运动，都失败了。国家的情况一天一天坏，环境迫使人们活不下去。怀疑产生了，增大了，发展了。第一次世界大战震动了全世界。俄国人举行了十月革命，创立了世界上第一个社会主义国家。过去蕴藏在地下为外国人所看不见的伟大的俄国无产阶级和劳动人民的革命精力，在列宁、斯大林领导之下，像火山一样突然爆发出来了，中国人和全人类对俄国人都另眼相看了。这时，也只是在这时，中国人从思想到生活，才出现了一个崭新的时期。中国人找到了马克思列宁主义这个放之四海而皆准的普遍真理，中国的面目就起了变化了。"[①]十月革命从诸多方面影响了中国先进分子的思想。从效法、学习的榜样角度来讲，在中国社会一个重大的变化就是"以法（国）为师"被"以俄（国）为师"所取代。这个时候，怀抱理想主义救世精神的中国先进知识分子，在历史发展的紧要关头，以高度的革命使命感，热情讴歌了马克思主义，并表达了对十月革命道路的赞美与向往。

在中国共产党 90 多年的历史进程中，许多中国共产党人始终以彻底革命为目标，不为名、不为利、不怕苦、不怕死，一心为革命，一心为人民，对革命无限忠诚，对人民鞠躬尽瘁。邓小平指出："为什么我们过去能在非常困难的情况下奋斗出来，战胜千难万险使革命胜利呢？就是因为我们有理想，有马克思主义信念，有共产主义信念。"[②]理想信念决定了"我们从哪里来、到哪里去"。习近平总书记指出："坚定理想信念，坚守共产党人精神追求，始终是共产党人安身立命的根本。对马克思主义的信仰，对社会主义和共产主义的信念，是共产党人的政治灵魂，是共产党人经受住任何考验的精神支柱。"[③]

---

① 《毛泽东选集》（第四卷），人民出版社，1991 年，第 1470 页。

② 《邓小平文选》（第三卷），人民出版社，1993 年，第 110 页。

③ 习近平：《紧紧围绕坚持和发展中国特色社会主义 深入学习宣传贯彻党的十八大精神》，《人民日报》2012 年 11 月 19 日第 1 版。

雨花英烈所展现的崇高理想信念是建设新中国，以国家、民族为上；为社会主义和共产主义远大理想奋斗；执着于真理，为革命成功而舍己为公；忠于信念，忠诚于党；为了民族自由而奋斗；为社会、国家和人类正义事业而献身。雨花英烈正因为拥有了这些崇高理想信念，才能"在困难和逆境中不消沉不动摇，经受住各种风险和困难考验，自觉抵制各种腐朽思想的侵蚀，永葆共产党人政治本色"①。

雨花英烈，尤其是二十世纪二三十年代入党的那些共产党员，他们首先是当时探求改造社会、改变人民命运的众多先进分子中的重要成员，参与了研究、引进和宣传马克思主义的过程，参与了"五四"前后的学生运动和工农运动。他们致力于党的事业，有着高度的思想自觉，是党在那个时期的重要骨干。这些革命战士，一旦选择了马克思主义、加入中国共产党，就始终站在党的事业的前沿，在需要他们的地方和时候挺身而出。

正是这些包括雨花英烈在内的先进知识分子在对马克思主义的坚定信仰中，走俄国人的道路，"旗帜鲜明地公开成立一个共产党"以领导中国革命，才形成中国早期马克思主义者的思想共识和行动共识。而这背后最重要的历史支撑就是政治信仰和革命理想。中国先进知识分子只有接受了马克思列宁主义，建立起坚定的政治信仰，在此思想基础上建立代表最广大人民利益的先进政党，才能把一盘散沙的中国底层民众组织起来，也才有可能实现中华民族的伟大复兴。正如毛泽东所讲："主义譬如一面旗子，旗子立起了，大家才有所指望，

---

① 中共中央文献研究室编：《十八大以来重要文献选编》（上），中央文献出版社，2014年，第117页。

才知所趋赴。"①

第一节 在艰难困苦的探索中坚定理想信念

1919 年五四运动的爆发，是中国近代思想解放的一个重要标志性事件，各种新思想、新文化猛烈地冲击着旧中国的统治枷锁，一批年轻的知识分子在俄国十月革命的影响下，开始寻找救国救民的思想和道路。他们在艰难的革命道路探索中找到了马克思主义这个"宇宙的真理"，从而树立了共产主义的坚定理想信念，成为之后中国革命人士的真信仰。雨花英烈精神最集中、最突出、最震撼人心的也是"真信仰"。有了真信仰，就会有正确的世界观、人生观、价值观，就会把"人活着是为了什么"这个根本问题想通想透。唯有对信仰真选择、真认同、真践行，才能在有限的生命长度中不断拓展人生价值的宽度和厚度，用信仰之石筑就人生和事业的长城。雨花英烈在选择革命这个人生道路中，不畏艰险，迎难而上，不屈抗争。这个过程是曲折而艰难的。他们大多从寻求救国救民之真理，到"践行改造社会的理想蓝图"，积累经验，在艰难困苦的探索中坚定理想信念。雨花英烈群体中的邓中夏、恽代英、罗登贤等就是这类群体的典范。

---

① 中共中央文献研究室、中共湖南省委《毛泽东早期文稿》编辑组编：《毛泽东早期文稿》，湖南出版社，1990 年，第 554 页。

一、在革命艰难低潮时"走俄国人的路"

1. 此生且向光明行，"好教宇宙重新"

同志们，

向太阳，向自由，

向着光明走！

同志们！

黑暗已消灭，

曙光在前头。①

这是列宁生前喜爱的俄文歌曲《光明赞》，该歌曲的中文翻译者就是马克思列宁主义的信仰者——雨花英烈谢文锦。

谢文锦出生于浙江永嘉县楠溪潘坑村，六朝山水诗大家谢灵运是其先祖。早年入读地处杭州的被誉为"浙江最负盛名的学校"浙江省立第一师范学校，该校曾先后走出了杨贤江、俞秀松、汪寿华等优秀的中国共产党早期党员。在学校良好的氛围中，谢文锦养成了健全的人格，培养了与时俱进的精神。俄国十月革命胜利的消息传到中国后，谢文锦深为震撼。此后，他开始密切关注世界革命和国内政局的风云变幻，经常与杭州、上海的师友、同学联系交流，阅读大量进步书籍，越发坚定了爱国民主思想。

1919年五四运动爆发，谢文锦积极参加运动，走向社会，投身现实斗争，开始改造中国社会的思考与探索。后进入陈独秀创办的《新青年》杂志社工作。《新青年》介绍新文化、新思想，特别是重点

---

① 上海市新四军历史研究会编：《留住光辉照后人：浙南英烈事迹选编》，上海人民出版社，2012年，第8页。

宣传俄国十月革命和马克思主义，使他初步学习、了解到科学社会主义理论，明确了人生的前进方向，立志救国救民，向往列宁领导创建的苏维埃社会主义国家，选择"走俄国人的道路"。1920年，谢文锦加入上海社会主义青年团。1921年春，谢文锦被派往莫斯科东方大学学习。一路上，他们通过多道检查关卡，克服重重困难，经过长途跋涉，抵达莫斯科。在学校，他系统学习了科学社会主义、政治经济学、辩证唯物主义、俄语，还包括一些马列主义名著等。随着学习的深入，树立起坚定的共产主义信念的谢文锦，于1922年加入中国共产党，走上了献身中国革命之路。

1924年，谢文锦完成在苏联的学业，回到国内，在浙南一带大力宣传革命思想和马列主义。他孜孜不倦地钻研和介绍马列主义理论。在1925年4月中共中央机关刊物《新青年》上，他撰写了《列宁与农民》一文，成为中共系统介绍列宁论述农民问题的重要文章之一，对党从理论上认识农民在中国革命中的重要地位，开展农村土地革命，推进工农联盟，起了积极的理论引导作用。

1926年8月，谢文锦受命来到南京，任中共南京地委书记，迎接北伐军光复南京，与国民党南京市党部合作，运用多种形式揭露军阀孙传芳祸国殃民、摧残爱国运动、捕杀进步人士等罪行。与此同时，蒋介石加速策划反革命的阴谋活动，致使革命形势急转直下，情况复杂而危险，但谢文锦临危不惧。他对着工人、学生党团员近百人说："暴风雨就要来了，有些人的面貌越来越清楚（指蒋介石），我们不能再坐着不动了。在座的都是党团员积极分子，是革命的中坚力量。革命总是要付出代价的，总是有牺牲的。我们不怕牺牲，我们要组织力

谢文锦发表的文章《列宁与农民》

谢文锦在上海外国语学社学习期间与同学的合影，谢文锦（后排右）、罗亦农（前排左一）、俞秀松（后排中）

量，和敌人对抗！"①1927 年 4 月，谢文锦不幸被捕。在狱中，敌人对他施以残酷的刑罚，但他本着对党的忠诚和对马克思主义思想的坚定信仰，宁死不屈。数日后，他被敌人残忍杀害。谢文锦用鲜血和生命践行了一心向着光明的理想信念。

2. 远赴俄罗斯接受马列主义理论熏陶

"我们最后一定会胜利的！不要为我难过，保重身体，将来为党工作。"② 这是曾任中共江苏省委组织部长的黄励在临刑前对狱中难友说的话。当她走出牢房时，仍高声说："我去了，同志们不要哭，要坚持革命到底！"③ 体现了一名共产党员对理想信念的无比坚定和视死如归的大无畏革命精神。

黄励，1905 年出生在湖南省益阳县一个贫民家庭。自幼聪慧，在舅父的资助下入学念书。1924 年，考入武昌中华大学文科，④ 开始受到新思潮的熏陶。1925 年，上海爆发震惊中外的五卅惨案⑤，黄励积极参加反帝爱国运动，并在斗争中得到锻炼，同年加入中国共产党。

---

① 王澄：《在南京的日子里》，载中共南京市委党史编写领导小组办公室、南京市档案局编：《南京党史资料》（第四辑），1983 年，第 2 页。

② 中共党史人物研究会编：《中共党史人物传》（第三十五卷），陕西人民出版社，1987 年，第 163 页。

③ 郁正维：《烈士黄励在狱中表现的片断》，存雨花台烈士陵园史料室。

④ 一说是 1920 年，黄励考入武昌中华大学文科。参见中华人民共和国民政部：《中华著名烈士》（第十一卷），中央文献出版社，2001 年，第 540 页。

⑤ 五卅惨案，也称为五卅血案，或写作五·卅惨案，因发生于 1925 年 5 月 30 日而得名，是反对帝国主义爱国运动五卅运动的导火线。5 月 30 日，上海学生 2000 余人在租界内散发传单，发表演说，抗议日本纱厂资本家镇压工人大罢工、打死工人顾正红，声援工人，并号召收回租界，被英国巡捕逮捕 100 余人。下午万余群众聚集在英租界南京路老闸巡捕房门首，要求释放被捕学生，高呼"打倒帝国主义"等口号。英国巡捕竟开枪射击，当场打死 13 人，重伤数十人，逮捕 150 余人，造成震惊中外的"五卅惨案"。

1926 年，黄励在莫斯科中山大学学习期间与同学、教师的合影。中坐者第二排右起第二人为黄励

黄励与丈夫杨放之在莫斯科郊外的合影

1933 年 5 月 3 日，中共江苏省委关于营救黄励的紧急通知

1925 年 10 月，黄励被党组织派往莫斯科中山大学学习，受到马列主义理论的熏陶，对马列主义表现出十分的向往。在校期间，黄励常与在前往莫斯科途中遇到的同去苏联寻求真理的杨放之讨论时事，组织活动，在共同进步的岁月中，产生了感情，于 1926 年结为夫妻。在黄励的介绍下，杨放之也加入了中国共产党。1927 年，黄励以优异成绩毕业，被分配到中山大学党的建设教研室工作。在这里，她进一步受到马列主义理论的熏陶和实际斗争的锻炼。

1931 年，受党组织安排，黄励担任中国革命互济会主任兼中共党团书记，负责领导各级互济会，组织群众，反对白色恐怖，支持革命斗争，救援被捕革命战士，救济死难烈士和被捕战士家属。其时，她的处境已非常危险，但她依然坚持革命信念，奋战在一线。1933 年 4 月 25 日，因叛徒周光亚出卖，她在法租界被捕。在法庭上，黄励对着周光亚厉声骂道："你这个无耻叛徒，还有脸来见我！赶紧滚开，不要站在我的面前，污辱了我的眼睛。"法官狡猾地问道："这么说，你承认你是黄励，承认你是共产党了？"黄励豪迈地答道："我就是共产党员黄励，江苏省委组织部长。共产党的事我做了很多，就是不告诉你们！"①4 月 27 日，黄励被解来南京，关押在南京宪兵司令部看守所。

在狱中，她给难友们讲革命故事，教大家唱《国际歌》，将苏联的海员歌译成中文来唱，鼓舞大家的斗志。她还劝服看守所的所丁张良诚弃暗投明，争取他为政治犯传递信件。1933 年 7 月 5 日清晨，

---

① 中共南京市委党史资料征集编研委员会办公室、南京雨花台烈士陵园管理处编：《南京英烈》（第 1 辑），南京工学院出版社，1987 年，第 307 页。

在被押至雨花台行刑途中，她对押送的宪兵做了最后一次宣传："你们都是穷苦人，国民党杀害共产党人，就是不让中国的穷苦人翻身。你们杀了很多共产党、革命者，能杀得完吗？越杀革命者越多……"[1]黄励这种坚定的理想信仰、高昂的革命斗志和从容乐观的情绪，也深深地感染了周围的难友们。

3. "怕死不干共产党！"

陈理真，又名履真，1906年出生于安徽省萧县庄里镇龙虎峪村的一个农民家庭。他天资聪颖，以优异的成绩考入江苏省立第七师范学校。毕业后，陈理真在萧县任教。1928年，他在刘亚民、秦雅芬介绍下加入了中国共产党，立下了出生入死为党工作的决心。虽然此时，轰轰烈烈的大革命早已因蒋介石叛变革命、疯狂屠杀共产党人和革命群众而失败，全国陷入白色恐怖之中，萧县的党组织亦遭到破坏，有的党员被杀害，有的党员离开了党组织，但陈理真没有彷徨，没有后退，毅然于异常严峻的形势下加入中国共产党。陈理真曾先后到萧县、徐州和上海等地参加革命工作。1932年10月，他因叛徒陈资平出卖在徐州被捕，后被押解到南京宪兵司令部看守所。

南京的监狱里，敌人对陈理真实施了鞭打、烙铁、老虎凳等严刑拷打。满身伤痛的陈理真没有屈服。当宪兵队长厉声问道："怎么样？还是不开口？"陈理真挪动一下双脚，把头昂起。宪兵队长说："你是共产党员，党国一心想提携你，给你指出光明大道，你只要在这张表上签个字，就能自由。"陈理真冷笑了一下，说："我的名字好

---

[1] 曹劲松主编：《信仰的力量——雨花先烈事迹选编》，南京出版社，2015年，第42页。

写。那样不就变成狗了？我不会从狗洞里爬出去的！"①宪兵队长恼羞成怒，喝令再次用刑。陈理真又被折磨得昏死过去，拖进了阴暗潮湿的牢房。酷刑不能使陈理真屈服，敌人又使出劝降的花招。一天，叛徒陈资平来到狱中，劝陈理真看清形势，不要再为共产党卖命了。陈理真给叛徒以铿锵有力的回应："我血管里流着中华民族的血，生就钢筋铁骨，决不当叛徒！""共产党员的心，是你们这些叛徒永远也理解不了的。"②"我既以身许党,生死已置度外。""怕死不干共产党！"陈资平被痛斥后灰溜溜地走了。

1932 年 11 月，陈理真被押赴南京雨花台刑场。行刑前，敌人还不死心，给他 5 分钟时间考虑，只要答应不干共产党，就可以不死。每过一分钟敌人问一次，陈理真始终闭口不言，最后敌人又问："现在放你出去，你将干什么？"他斩钉截铁地回答："干共产党！"③

二、在艰苦探索实践中坚定理想信念

雨花英烈中，最多的是中国共产党人。他们共同选择了马克思主义信仰，立志以改造中国为己任，以实现民族独立、人民解放、国家富强和最终实现共产主义为崇高理想，坚定执着，矢志不渝。他们排除一切苦难，坚定不移地为建立新世界、新生活努力奋斗。如邓中夏、恽代英等中国共产党早期的重要领导人，他们在学生时代就开始

---

① 中华人民共和国民政部编：《中华著名烈士》（第十卷），中央文献出版社，2001 年，第 371 页。
② 陈文嫚：《听母亲讲父亲陈履真烈士的事迹》，载中共蚌埠市委党史办公室编：《中共长淮特委》，安徽人民出版社，1991 年，第 250 页。
③ 中共萧县县党史办公室、萧县档案局（馆）编：《萧县党史资料》（第一辑），1985 年，第 287 页。

了救国救民道路的探索，加入中国共产党后，他们更加致力于中国革命理论和道路的探索，参与领导了许多重大革命活动，在中国工人运动和青年运动史上留下了光辉的业绩。大革命失败后，在革命处于低潮、自身遭受错误排挤的严峻考验面前，他们坚守信仰，不计个人得失，为了理想而战斗不止，无怨无悔。

1. "就是烧成灰，也是共产党员"

> 青年们！醒来哟，
>
> 谁在你们的四围，
>
> 虎视鹰瞵的，
>
> 磨牙吮血的？
>
> 你们是处在一种什么环境？
>
> 你们是负了一种什么责任？
>
> 春花般的青年们哟！
>
> 朝暾般的青年们哟！
>
> 烈火般的青年们哟！
>
> 新中国的改造只仗你们了，
>
> 却不是仗你们几首新诗。
>
> 青年们醒来哟！ ①

这是邓中夏为唤醒更多的青年为国家的新生走出校门、走向社会而写下的一首激情昂扬的新体诗。

1894年，邓中夏出生于湖南宜章的一个官宦家庭，其父亲是前清举人。由于家境优裕，邓中夏从小就受到良好的教育。1915年，

---

① 雨花台烈士陵园管理局编：《雨花英烈诗词》，南京出版社，2017年，第87页。

他考入湖南高等师范学校。[①]1917 年，邓中夏随父入京，考入北京大学中国文学门。1919 年 5 月 4 日，北京大学等 13 所大中专院校的学生 3000 余人到天安门前集会，强烈要求北京政府拒绝在《巴黎和约》上签字，五四运动爆发。在这场反帝爱国运动中，邓中夏任北京学生联合会总务干事，参与火烧赵家楼的行动。同年 7 月，王光祈、李大钊等人发起成立少年中国学会，其宗旨是"本科学的精神，为社会的活动，以创造'少年中国'"[②]。同月，邓中夏加入少年中国学会，先后任执行部主任、评议员等职务。在北大读书期间，邓中夏还结识了北大经济学教授兼图书馆主任李大钊，并且成了莫逆之交，两人既是亲密无间的师生，也是并肩作战的战友。

1920 年 3 月，在李大钊领导下，邓中夏、高君宇等人发起组织北京大学马克思学说研究会。这是中国最早学习和研究马克思主义的团体，为建党作了重要准备，他本人也成为中国共产党最早的党员之一。北大毕业后，邓中夏在长辛店从事工人运动，主办工人劳动补习学校，建立工会，为北方工人运动培养了大批骨干力量。1925 年，邓中夏组织领导省港大罢工，担任了罢工委员会的顾问和党团书记。1927 年，大革命失败后，他曾先后任中共江苏省委书记、广东省委书记。在中共二大、三大、五大、六大上，邓中夏分别当选为中共第二届中央执行委员会委员、第三届中央执行委员会候补委员、第五届中央委员、第六届中央候补委员。

---

① 湖南高师的前身是有着千年历史的岳麓书院，在这里，邓中夏受教于杨昌济（杨开慧之父），并结识了在湖南第一师范读书、同为杨昌济学生的毛泽东等。

② 廖盖隆主编：《中国共产党历史大辞典·创立时期分册》，中共中央党校出版社，1989 年，第 136 页。

1931 年 9 月，受王明错误路线打击，邓中夏被撤销一切领导职务。次年初回到上海，为中共沪东区委宣传部刻钢板，后编印油印小报《前锋》。为了革命的事业，他毫无怨言，他对身边的同志说："我们这样的人做事，不能选择哪儿干得痛快，哪儿干得不痛快，重要的是看对革命是否需要。最危险、最困难、别人都不喜欢的岗位，经得起考验的老同志应当义不容辞地站上去！现在红军打得很好，白区的工农运动配合不上，不能建立起许多新苏区，因此便不能分散敌人对老苏区的'围剿'。我们在白区工作的同志肩头上的责任是很重的。应当一心一意地将工作做好。这与我们回到苏区去战斗有一样的意义。"① 这也反映了像邓中夏这样的共产党人坚定的革命信仰。

1933 年 5 月，邓中夏被捕。被捕后，邓中夏化名为施义，由于开始未暴露身份，敌人只判了他 52 天的徒刑。在狱中，邓中夏遭到毒打，但他仍大义凛然，怒视敌人。后由于叛徒出卖，邓中夏的真实身份被暴露，被国民党当局从租界引渡并押往南京。在狱中，一位所谓对中共颇有了解的国民党专家劝他投靠国民党，认为他堂堂一个大人物遭到不公待遇，没必要再为共产党拼命。邓中夏义正辞严地拒绝了他："这是我们党内的事，你有什么权利过问？一个患深度杨梅大疮的人，有资格嘲笑偶尔伤风感冒的人吗？"② 狱中秘密党支部派人在放风时间问他："大家想知道你的政治态度怎样？" 邓中夏一听，连说：

---

① 陈同生：《不倒的红旗》，中国青年出版社，1959 年，第 330 页。
② 《邓中夏——浩气永驻雨花台》，载严平、王华编：《革命英雄的故事》，上海人民美术出版社，2006 年，第 102 页。

邓中夏（后排左二）在湖南高等师范读书时与友人的合影

图为少年中国学会部分会员在北京岳云别墅的合影，邓中夏（左二）、
李大钊（右三）、黄日葵（右二）

图为北京大学马克思学说研究会部分会员的合影,邓中夏(后排左七)、何孟雄(左五)、黄日葵(左六)

1920年1月,邓中夏与毛泽东等人在北京陶然亭公园商讨驱逐湖南军阀张敬尧事宜。图为他们会后在山门外古槐下的合影,邓中夏(左七)、毛泽东(左四)

1928年,邓中夏赴莫斯科任中华全国总工会驻赤色职工国际代表时,与妻子、孩子在莫斯科的合影。照片的背后是邓中夏的妻子写的一行俄文:只给无所畏惧的男人

"问得好！请告诉同志们，就是烧成灰，我邓中夏也是共产党员！"[1]
在临刑的前夜，邓中夏委托难友将他写的一封信转交给党，信上说："同志们，我快要到雨花台去了。你们继续努力奋斗吧！最后的胜利终是属于我们的。"[2]1933年9月21日黎明，一名国民党宪兵对临刑前的邓中夏说："你有什么话就说吧，不然就没有机会了！"他对宪兵回道："对你们当兵的人，我有一句话说：请你们睡到半夜三更时好好想一想，杀死了为工农大众谋福利的人，为人民谋翻身的共产党人，对你们自己有什么好处？！"[3]敌人害怕邓中夏进行革命宣传，命令立即开枪，就这样，雨花台下，中国共产党优秀党员邓中夏为共产主义事业英勇地献出了年仅39岁的生命。

2."为了我们崇高的理想，我们是舍得付出代价的"

"我身上没有一件值钱的东西，只有一副近视眼镜，值几个钱？我身上的磷，只能做四盒洋火。我愿我的磷发出更多的热和光。我希望它燃烧起来，烧掉古老的中国，诞生一个新中国。"[4]这是恽代英1920年写下的心语。这位革命家从青少年时代就积极投身爱国救亡运动，"是那个时代呼唤革命风暴最矫健的海燕，最出色的鼓手"。[5]

恽代英，字子毅，祖籍江苏武进，生于湖北武昌，与张太雷、瞿

---

① 《邓中夏——浩气永驻雨花台》，载严平、王华编：《革命英雄的故事》，上海人民美术出版社，2006年，第102页。
② 中共江苏省委党史工作委员会、江苏省民政厅编：《江苏革命烈士传选编》，中共党史出版社，1990年，第574页。
③ 陈同生：《不倒的红旗》，中国青年出版社，1959年，第337页。
④ 雨花台烈士陵园管理局编：《雨花英烈诗词》，南京出版社，2017年，第4页。
⑤ 中共江苏省委党史工作办公室、中共南京市委党史工作办公室、雨花台烈士陵园管理局编：《雨花魂》，中共党史出版社，2015年，第32页。

秋白并称为"常州三杰"。1919年,恽代英在湖北武昌中华大学学习时,五四运动爆发,他在武汉组织学生罢课和示威,写了一封诗传单,作为武汉学联机关刊物《学生周刊》的发刊词印行。

《学生周刊》发刊词①

嗟我中国,强邻伺侧,外交紧急,河山变色。

壮哉民国,风起云蒸,京津首倡,武汉继兴。

维我学界,风潮澎湃,对外一致,始终不懈。

望我学生,积极进行,提倡国货,众志成城。

力争青岛,事出至诚。口诛笔伐,救国之声。

愿我同胞,声胆俱张,五月七日,毋忘毋忘!

这首发刊词鲜明表达了恽代英的强烈爱国情怀和救国意愿。1920年,恽代英在武汉创办了利群书社,当时在利群书社主要销售的书籍有《共产党宣言》《共产主义ABC》,还有恽代英翻译的《阶级争斗》等马克思主义著作。恽代英擅长英文,能够阅读和翻译英文、日文和德文书籍,除了《阶级争斗》,恽代英还翻译了恩格斯《家庭、私有制和国家的起源》的部分章节,在《东方杂志》上发表。这一时期,恽代英撰写的宣传马克思主义的文章有数十篇之多。马克思主义在国内传播的早期阶段,恽代英是一位重要人物。

1921年,恽代英加入中国共产党。1923年10月,中国社会主义青年团机关刊物《中国青年》在上海创刊,恽代英为《中国青年》的主编,在刊物上,他亲自撰写并发表了一百多篇文章和几十篇通讯。成千上万的青年正是手捧这份杂志,并呼唤着"代英"的名字,走上

---

① 雨花台烈士陵园管理局编:《雨花英烈诗词》,南京出版社,2017年,第3页。

了革命道路。1924 年，恽代英与毛泽东、邓中夏、向警予等一道担任了国共合作时期的国民党上海执行部的领导工作，担任宣传部秘书。1926 年 3 月，中国共产党为加强广州黄埔军校的工作，派恽代英担任军校政治主任教官，兼任军校中共党团干事。在黄埔军校期间，恽代英认识到军队政治工作的重要性，撰写了一系列相关著作和理论教材，就革命军队建设问题进行了多方面论述，对军校的政治工作和政治教育做出了重要贡献。四一二反革命政变后，在危难之中，中国共产党人发起了武装起义。1927 年 8 月 1 日凌晨，在以周恩来为书记、恽代英等为委员的中共中央前敌委员会领导下，南昌起义爆发。南昌起义打响了武装反抗国民党反动派的第一枪，标志着中国共产党独立领导武装斗争、创建人民军队的开始。之后，恽代英还参与组织了广州起义。广州起义失败后，面对挫折，恽代英对身边的年轻战友说："古语说'秀才造反三年不成'，假如我们下决心造三十年反，决不会一事无成的。年轻人！要有决心干三十年革命，那你还不过五十岁。接着再搞三十年的建设，你不过八十岁。我们的希望，我们的理想社会主义、共产主义恐怕也实现了。那时世界多么美妙！也许那时年轻人，会不相信我们曾被又残暴又愚蠢的两脚动物统治过多少年代；也不易领会我们走过的令人难以设想的崎岖道路，我们吃尽苦中苦，而我们的后代则可享到福中福。为了我们最崇高的理想，我们是舍得付出代价的。"①1928 年，恽代英到上海任中共中央宣传部秘书长，主编中央机关刊物《红旗》。1929 年末，他调任中共中央组织部秘书长，成为

---

① 南京雨花台烈士陵园管理处史料室编：《雨花台革命烈士故事》，江苏人民出版社，1983 年，第 72 页。

学生时代的恽代英

1918年，恽代英（右一）与父亲恽爵三、弟弟恽子强和妹妹恽顺芳的合影

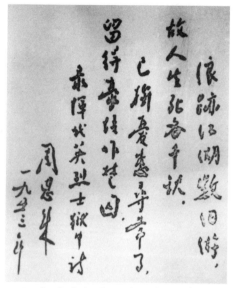

恽代英主编的《中国青年》
创刊号

1953年周恩来录写的恽代英狱中诗

图为1924年5月国民党上海执行部部分成员在孙中山寓所的合影，
恽代英（后排右三）、毛泽东（后排左二）、邓中夏（前排左一）、
向警予（前排右一）、王荷波（二排右三）

部长周恩来的得力助手。

1930年，恽代英因反对李立三的"左"倾冒险主义错误，被调离中央，到上海沪东区担任区委书记。5月6日下午，恽代英到上海老怡和纱厂联络工作时不幸被捕。被捕时他机智地划破了自己的脸，化名王作霖，真实身份尚未暴露，被判刑5年。1931年2月，恽代英被国民党当局转押到南京，羁押于国民党中央军人监狱。在此服刑的不仅有共产党人，还有许多国民党内的重要"政治犯"和"军事犯"。他们或曾是恽代英的学生，或共过事，或曾是政治上的对手，恽代英的被捕在狱中引起了震动。尽管出卖恽代英能换来自由，受到重奖，但没有一个人站出来告发。往日敌对营垒的各方，自发地形成了一个掩护恽代英的"特殊联盟"。恽代英的身上充分体现了中国共产党人的人格魅力。中共党组织一直积极设法营救恽代英，就在他即将被提前释放时，被叛徒顾顺章出卖。蒋介石急令军法司司长王震南到狱中核对。王震南拿着恽代英在黄埔军校的照片来到监狱，恽代英知道自己的身份已经暴露，轻蔑而自豪地说："我就是恽代英！"王震南劝降失败后，蒋介石亲自下令：立即就地处决！1931年4月29日午时，恽代英神色坦然，昂首挺胸走出南京中央军人监狱的牢房，走向刑场……他用英雄的壮举实现了自己发出的革命誓言。

3. "打断了双腿，也打不断共产党人的坚强意志"

"打断了双腿，也打不断共产党人的坚强意志"，这是曾任中国左翼文化界总同盟书记的陈处泰在被捕后，面对敌人的严刑拷打表现出来的英勇气概。陈处泰出生于江苏省宝应县，其祖父陈务人是当地名画家，自幼受书香艺术气息的陶冶，虽然成长在一个经济状况颇为不错的环境里，但陈处泰并没有为简单的物质享受和个人家庭生活所左右，而是有着更高远的追求和更深切的关怀。

　　1928 年春，陈处泰考入安徽大学预科社会科学部。当时大革命失败不久，白色恐怖严重，一些追求进步的青年陷入对革命前途的迷茫中。陈处泰却对革命充满了乐观，并积极投身于火热的斗争生活中，在斗争生活中得到了历练，虽遭挫折，但向往光明的步伐一刻没有停止。1929 年，陈处泰就读于上海法政学院，参加了中国共产党领导的左翼社会科学联盟，经常到工人群众中宣传马克思主义，并组织暨南大学等学校的读书会，指导大学生学习《资本论》《辩证唯物论》等革命著作。他还在法租界开办过公道印书社、春申书店等，出版发行进步书籍。1933 年，由于叛徒告密，陈处泰一度被捕，因敌人未查出他真实身份而被释放。经过该阶段的革命历练，陈处泰在政治上渐趋成熟，于 1934 年加入中国共产党。在工作中，他坚持党的原则，对革命前途充满信心和希望，取得了不少成就。他阶级立场鲜明，经常对妻子讲马列主义和抗日救国道理，希望自己的孩子坚强。1935 年 11 月，陈处泰再次被捕，身份暴露，牺牲于 1937 年，年仅 27 岁。

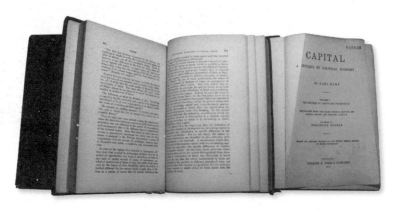

陈处泰读过的《资本论》

陈处泰对革命理想信念的坚定还可以从他生前于 1935 年 5 月在《社联盟报》第 25 期上发表的《纪念伟大的革命导师马克思》一文中可见，他写道："一切反马克思主义的，必然要崩溃灭亡，一切曲解和修改马克思主义的，必然要投降到反革命的阵营里去，终必致于惨败而已！"①

三、做革命行动的组织者

中国先进分子面对困难，在启迪民众、唤醒民众，积极投身于社会革命运动的时候，不是躲在工人、农民的身后，而是率先探索救亡图存之路，勇敢地代表底层民众的利益，做他们的政治代言人和革命行动的组织者，始终走在斗争的前列。如雨花英烈中的施滉、罗登贤等，就是其中的代表。

1. 东北抗联肇创者

1931 年 9 月 18 日，日军在东北制造了震惊中外的九一八事变。罗登贤针对当时危急的形势指出："蒋介石国民党以不抵抗政策出卖东北同胞，我们中国共产党人一定与东北人民同患难，共生死，争取东北人民的解放。""敌人在那儿蹂躏我们同胞，我们共产党人就在那儿和人民一起抗争。""党内不许任何人提出离开东北的要求，谁如果要提出这样的要求，那就是恐惧动摇份子，谁就不是中国共产党员。"②这铿锵有力的话语，坚定了东北共产党人为保卫祖国领土、为东北解放而奋斗的决心。

---

① 雨花台烈士陵园管理局编：《雨花英烈文集》，南京出版社，2016 年，第 161 页。
② 冯仲云：《东北抗联的创造者罗登贤同志》，《群众》1946 年第 10 期。

罗登贤，广东南海人，曾参加过省港大罢工和广州起义，广州
起义时任工人赤卫队队长。1931年12月，担任中共满洲省委书记兼
组织部长，领导东北人民进行抗日武装斗争。他始终坚持奋战，为壮
大抗日武装力量，先后派出百余名党团员赴东北各地创建抗日游击队。
他还从反帝大同盟、互济会、反日会等进步团体中，抽调大批骨干到
义勇军部队开展统战工作，担任各种领导职务，宣传党的抗日主张，
组建党小组和党支部，推动了东北义勇军抗日救国斗争高潮的形成。
这一时期创建的抗日武装，成为后来东北抗日联军的基础部队。当年
与罗登贤并肩作战的冯仲云后来回忆道："东北的共产党员没人不知
道罗登贤，他以领导省港大罢工的伟大精神来领导东北抗日斗争，在
他的领导和影响下，东北的抗日斗争烽火燃烧了14年之久。"[1]

1932年12月，罗登贤任中华全国总工会上海执行局党团书记。
1933年3月，他在上海出席全国海员工人会议时被捕，4月解来南京。
法庭以"反动分子"的罪名对罗登贤进行"公开"审判，罗登贤怒斥
法官："你们说我反动吗？让我来说说我的历史吧！我曾在中国大革
命时代领导过反帝大罢工；我曾在东北发动了抗日游击战争，打击日
本强盗；最近我刚从东北回来，又领导了上海日本纱厂工人的反日大
罢工。我的一切行动都是反帝爱国的，谁敢说我反动？你们国民党卖
国投降，出卖东北神圣领土，才是真正的反动！"[2] 在狱中，罗登贤
对前来探望的同志说："我是始终要为人民大众利益奋斗的，什么也

---

① 中共江苏省委党史工作办公室、中共南京市委党史工作办公室、雨花台烈士陵园管理局编：
《雨花魂》，中共党史出版社，2015年，第80页。
② 中共南京市委党史资料征集编研委员会办公室、南京雨花台烈士陵园管理处编：《南京英烈》
（第1辑），南京工学院出版社，1987年，第317页。

1929 年，罗登贤与妻子周秀珠
在上海的合影

不能动摇我，我将我的生命献给我们的党与人民大众。"在赴刑场前，面对敌人假惺惺地问他有何遗言时，罗登贤从容回答说："个人死不足惜，全国人民未解放，责任未了，才是千古遗憾！"[1]1933 年 8 月，罗登贤在雨花台英勇就义。罗登贤牺牲后，上海出版的《中国周报》发表文章，称赞"在中国革命运动史中，罗登贤的名字将永远是光辉灿烂的！"[2]1935 年中共中央发表的《八一宣言》中赞扬罗登贤为民族英雄。

---

① 中共南京市委党史资料征集编研委员会办公室、南京雨花台烈士陵园管理处编：《南京英烈》（第 1 辑），南京工学院出版社，1987 年，第 318—319 页。
② 中共江苏省委党史工作办公室、中共南京市委党史工作办公室、雨花台烈士陵园管理局编：《雨花魂》，中共党史出版社，2015 年，第 83 页。

2.积极站在革命队伍前列

1921 年 10 月，中共党员恽代英为了传播马克思主义、培养青年学生，来到川南师范学校任教。在课堂上他对学生进行新思想、新知识的教育，并深入学生之中，通过多种形式，启发学生觉悟。很快，吸引了一批进步学生，其中张霁帆等人的表现尤为突出。随后，张霁帆一面刻苦学习课业知识，一面积极参加恽代英组织的读书会、学行励进会、马克思主义研究会，认真阅读《共产党宣言》《共产主义 ABC》《新青年》《向导》等进步书刊，接受马克思主义理论熏陶。1922 年 5 月，恽代英组建泸州最早的社会主义青年团组织，张霁帆由恽代英介绍，第一批被发展入团，成为四川最早的团员之一。自此，张霁帆走上了反帝反封建的革命道路。同年暑期，张霁帆参与领导了学生运动，经受了锻炼和考验。

1923 年，张霁帆参与刊物《青年之友》的编辑发行。刊物以革命思想对青年进行启蒙教育，受到当地进步青年的欢迎。他还参与成立了社会主义青年团的外围组织——青年之友社，该社成员后陆续加入了社会主义青年团。张霁帆多方面开展团结教育青年的工作，主动团结在蓉的宜宾青年，组织宜宾留省同乡会，以求共同砥砺学业，关心国家，探究改造社会之途径。还发表了题为《一个改造社会可能的办法》的文章，阐明救国主张。

1924 年 2 月，军阀杨森等倚仗北洋军阀吴佩孚的支持，率部攻占四川成都。王右木、张霁帆等人刻写油印传单，组织团员张贴、散发，揭露军阀的罪恶行径，号召人民起来斗争。张霁帆还借为杨森主办的报纸《甲子日刊》创办出版之机，主张还政于民，反对防区制和军阀混战，同时利用报纸宣传马克思主义，颂扬苏联革命的成就等。不久，

张霁帆（1901—1926）　　　　张霁帆就读的川南师范学校旧址

该报被杨森下令停办。

张霁帆凭着忠于革命事业的信念和领导青年运动的才华，赢得组织的信任。1924年3月，他当选为团成都地方执行委员会委员长。时值第一次国共合作初期，国内掀起了废除不平等条约运动。为明确学生在反帝废约中的任务和作用，中华全国学生联合会第六次全国代表大会于8月4日在上海召开，张霁帆作为川南学生代表前往出席。会议期间，他向时任社会主义青年团中央局委员的恽代英汇报了个人的思想和工作情况，恽代英介绍其加入了中国共产党。

全国学联六大后，为给团中央创办的南京钟山中学充实力量，经恽代英介绍，张霁帆于9月来到南京，任该校国文教员。他以扎实的国学功底认真教书，广泛接触并积极引导学生，秘密从事南京团地委的工作。1925年3月，他回到上海，在团中央协助筹备全国学联第七次代表大会的工作。五卅惨案发生后，张霁帆立即组织学生参加南京路上的反帝示威游行。为把五卅惨案的真相告知全国人民，全国学联总会派出一批宣传特派员赴各地，张霁帆被派往河南。他向河南人民揭露帝国主义屠杀中国人民的暴行，宣传五卅反帝爱国运动。1926年3月，他担任中共豫陕区执委委员；8月，任共青团豫陕区执委书记。他将河南青年学生中的青年社、青年学社、青年救国团、青年干社四个团体合并组成河南青年协社，还组织进步刊物《河南青年》，加强了中共对河南青年运动的领导。

为加强对河南地区农民斗争的领导，张霁帆奉命带着一些干部深入豫西乡村，广泛发动群众，组织农民协会，引导农民群众向土豪劣绅等反动势力展开斗争，使豫西的农民运动轰轰烈烈地开展起来。他还根据斗争实践，写成《介绍河南红枪会》一文，登载在《中国青年》第126期，为党开展农村工作积累了经验。

1926年8月，张霁帆在去上海向中共中央请示汇报工作后，在搭乘返回河南的火车途经徐州时，因被敌人搜查到非法携带进步书刊而遭逮捕。随即被押解至南京小营陆军监狱，受尽了酷刑。他痛斥军阀祸国殃民，拖着病体毫不屈服，敌人终没能从他口中得到任何机密。敌人怕公开杀害张霁帆，引起狱中难友的骚乱，便暗中用毒药将其毒死。时年25岁。

3. 工人队伍中的先进分子"两浦八烈士"

1930年10月10日中共中央机关报《红旗日报》发表专电《疯狂的白色恐怖》，报道了国民党反动派屠杀陈兆春等无产阶级革命战士的消息："八日南京电，狗卫成部本日晨又杀张学堂，袁德昌，许立双，陈绍（兆）春，徐明德，吕占先，袁鸿明（鸣），杜秀岳（山），王松亭等战士九名。"[1]张学堂、袁德昌、许立双、陈兆春、袁鸿明、

---

[1]《疯狂的白色恐怖》，《红旗日报》1930年10月10日第2版。

吕占先是浦镇机厂工人，杜秀山是浦口机务段工人，徐明德是津浦铁路浦口段修道工人，王松亭是南京花旗营的铁路工人。这九名烈士生前都是饱受帝国主义、封建官僚势力剥削压迫的普通工人，但却英勇走在工人运动队伍前列，其中在浦口和浦镇工作的八位烈士被后人崇敬地誉为"两浦八烈士"。

1908年，强行从清政府获得津浦铁路南段筑路权的英国人，在津浦铁路南段终点的浦子城（原浦镇），建起了铁路机车修理厂——浦镇机厂，津浦铁路也延伸到这里。伴随着铁道交通的出现，中国最早的铁路工人产生，铁路工人队伍也随之发展。1922年秋，浦镇机厂诞生了江苏早期中共组织——浦镇党小组。从此，我党一直领导着浦镇地区铁路工人进行反帝反封建的革命斗争。

大革命时期即加入中国共产党的许立双、杜秀山、陈兆春、吕占先，成为浦镇机厂历次工人运动的骨干。至1930年上半年，该厂工人张学堂、袁鸿明、袁德昌、徐明德，作为工人运动中涌现出来的有觉悟的积极分子，先后被吸收加入中国共产党。

他们都有着光荣的革命经历。五四运动时期，杜秀山、陈兆春、吕占先等人接受了反帝反封建的革命思想。在1923年2月两浦铁路工人声援京汉铁路工人的罢工斗争中，陈兆春、吕占先作为纠察队员站在前列，面对敌人毫无畏惧地斗争，直到取得胜利。在五卅反帝爱国运动中，他们和浦厂工人一起，过江到南京示威游行，并禁止当地奸商贩卖英、日货和卖大米给日本兵舰，打击了帝国主义势力。在国民革命军北伐后，面对浦镇机厂的工会被封闭，共产党员、共青团员横遭搜捕的险恶环境，他们镇定自若地坚持斗争。1927年3月中旬，国民革命军对南京形成包围之势。根据中共南京地委的指示，陈兆春

浦镇工人开展罢工斗争地点之一——浦镇机厂厂部办公室

陈兆春（左三）和工友在厂房前合影

等人带领工会骨干张贴标语，散发传单，宣传北伐胜利进军的消息。吕占先和陈兆春还乘夜把标语贴到浦口宪兵队部门口，使敌人惶恐不安。20日夜，许立双等带领铁路工人，秘密拆毁了沪宁铁路龙潭车站、津浦铁路洋北门附近的铁轨，剪断了铁路线的通讯线路，阻止军阀的运输。他们的行动有力地支援了国民革命军占领南京。1927年南京四一〇惨案后，浦厂的中共组织遭受严重破坏。反动当局不仅在工厂设置特务机构，还建立黄色工会。在白色恐怖中，许立双等共产党员却像火种一样燃烧，坚持地下斗争。1929年10月初，在500余名浦厂工人集会于浦口、包围津浦铁路南段管理局大楼、迫使当局同意发还欠薪的斗争中，张学堂、袁鸿明、袁德昌等人发挥了骨干作用，表现突出，成为无产阶级先锋战士。

1930年8月6日至8日，陈兆春、张学堂、袁鸿明等带领工人在厂内贴出布告，号召全体工友一致起来，"要求加工资米贴及组织自己的工会的自由"，受到广大工人群众的支持。对此，津浦铁路南段管理局急调大批护路军前来镇压。面对手握枪支的护路军队，陈兆春和党团员们站在前列，举着罢工的布告，向士兵们说："罢工是我们工人要生存的唯一出路。""士兵与工人都是一道被压迫的人，都要一道革命！"士兵们在得知罢工原因后，拒绝抓人。厂长和护路军官只好灰溜溜地躲起来。中共中央《红旗日报》对这次斗争的胜利进行了专门报道。

同年8月中旬，中共中央总行委委员徐锡根到南京指挥暴动。南京市委要求两浦党员在暴动前夕破坏铁路，配合全国的总暴动。反动当局对共产党在南京举行暴动又怕又恨，加紧对革命力量的搜捕镇压，大批共产党员被捕牺牲。许立双、袁鸿明、杜秀山、袁德昌、陈兆春、张学堂、吕占先、徐明德等满怀悲愤，志不可摧，在两浦周边地区张贴"打倒蒋介石！""中国共产党万岁！"等革命标语。这些红色标语振奋着广大群众的革命热情，也使反动当局惊慌失措。9月下旬，许立双、袁鸿明、杜秀山、袁德昌、陈兆春、张学堂、吕占先等人，因叛徒岳云山告密而被捕，随即被押送过江，关押在国民党首都卫戍司令部。

在刑讯室里，敌人对他们分别进行了严刑逼供、灌凉水、坐老虎凳、烫烙铁、上电刑，但都一无所获。被绑在刑具上的杜秀山和袁鸿明看到叛变的岳云山劝他们招供，他们厉声痛斥岳云山是走狗、叛徒。敌人见他们还是不招供，便将钢针一根根刺进他们的手指，并用小榔头敲打钢针，逼问他们的领导人是谁。杜秀山、袁鸿明坚定地回道："不知道！"什么信息都没获得的敌人，又将一名在浦厂逮捕的进步工人带到他们跟前，问他们这人是不是共产党。杜秀山、袁鸿明义正辞严地说："我们是共产党员，贴标语是我们干的，一人做事一人当。他和我们没有关系，你们不能乱抓普通工友！"[1]

敌人从叛徒嘴里得知张学堂曾两次赴上海参加由上级党组织召开的津浦、陇海、沪杭、沪宁四路铁路工人代表大会，企图从他口中得到更多的情况，于是对他施尽毒刑。张学堂身上皮开肉绽，骨头都露出来了，但他仍然一声不吭。

许立双、陈兆春面对叛徒岳云山的指认，在深知眼前的这个家伙所知有限，不可能再有更多的东西出卖给敌人时，更加坚定沉着，坦然地承认自己就是领导人。敌人不相信，把各种酷刑都施展出来，陈兆春被折磨得骨折筋断，但敌人依旧什么都没得到。

1930年10月8日凌晨，许立双、杜秀山、陈兆春、吕占先、张学堂、袁鸿明、袁德昌、徐明德、王松亭九人，大义凛然地走出监狱，

---

[1] 中共江苏省委党史工作办公室、中共南京市委党史工作办公室、雨花台烈士陵园管理局编：《雨花魂》，中共党史出版社，2015年，第384页。

用坚定的目光互相激励，向其他难友道别，被敌人押上囚车，壮烈就义在雨花台。他们为崇高的理想信念英勇斗争，勇往直前，决不屈服，直至就义。

第二节 在白色恐怖笼罩下展现信仰的力量

四一二反革命政变后，南京作为国民党统治时期的政治中心，反动势力尤为强暴和凶悍，对共产党人革命活动的防范倍加严密，对革命者的镇压格外凶残。在这种高压险境中，雨花英烈们在树立马克思主义信仰后，没有束之高阁、流于理论，而是以坚定信念、百折不挠的精神实践着自己的信仰。

一、高压封锁下播撒马克思主义"天火"

在雨花英烈中，如朱务平、蒋云等，他们在高压封锁的白色恐怖中，将马克思主义的信仰播撒到民众的心田，用马克思主义的信念点亮人们前进的方向，用革命理想鼓舞人们的斗志。

1. 淮北地区早期的革命火种传播者

1898 年，朱务平出生在皖北濉溪县临涣古镇西朱小楼村一个农民家庭。[1]1917 年升入县立第二高等小学，受到新任校长陈龙楼的特

---

① 关于朱务平的出生年份，有两种说法。一说生于 1899 年，参见董畏民：《朱务平同志事略》，载中共蚌埠市委党史资料征集办公室编：《蚌埠党史资料》（第四辑），第 52 页；载中共宿州市委党史办公室、宿州市档案馆编：《宿州党史资料》（第一辑），第 54 页。一说生于 1898 年，参见中华人民共和国民政部编：《中华著名烈士》（第十卷），中央文献出版社，2001 年，第 95 页；安徽省地方志编纂委员会编：《安徽省志·人物志》，方志出版社，1999 年，第 181 页。

别关注，陈龙楼介绍他阅读《新青年》等宣传新文化、新思想的进步书刊，使他受到最初的思想启蒙。

1919年，五四运动爆发并很快席卷全国。五四运动唤起了朱务平的爱国民主意识。他和同学在濉溪、临涣等地发起成立学生联合会，响应全国学联的号召，发动学生罢课，举行游行示威，声援北京学生的爱国行动。后来，他参与发起成立学生团体"群化团"，与团成员在报纸上公开发表宣言，指出："我们相信物质（经济）、社会（群众事业）、精神（知识艺术）是组织我们人类生活的基本原素"，"人人都得到这三方面的供给和滋养，就是我们理想的人生"；"用互助的精神使人群都得到真知识"，"用奋斗的精神，推翻现社会各种畸型的制度和经济组织"，"推翻旧制度"，"实现真人生"。①

1922年夏，朱务平进入徐州培心中学读书。②他在学校继续开展进步学生活动，团结一批同学参加群化团。同时，经他的一位老师吴亚鲁的指引，走上了革命道路。1924年4月，朱务平参加了吴亚鲁主持成立的进步团体徐州青年互助社。在社里，他阅读了中共中央机关刊物《向导》、中国社会主义青年团中央机关刊物《中国青年》等，学习革命理论，聆听了吴亚鲁所作的《青年革命运动》《国民革

---

① 众华：《介绍一个新成立的团体——宿县群化团》，载中共宿州市委党史办公室、宿州市档案馆编：《宿州党史资料》（第一辑），第28—30页。

② 关于朱务平进入培心中学读书的时间，有两种说法，一说是1922年，参见董畏民：《朱务平同志事略》，载中共蚌埠市委党史资料征集办公室编：《蚌埠党史资料》（第四辑），第52页；载中共宿州市委党史办公室、宿州市档案馆编：《宿州党史资料》（第一辑），第54页。一说是1923年，参见中华人民共和国民政部：《中华著名烈士》（第十卷），中央文献出版社，2001年，第95页；安徽省地方志编纂委员会编：《安徽省志·人物志》，方志出版社，1999年，第181页。

命》等报告,政治觉悟迅速提高,实践活动的方向得以明确。1923年,朱务平由于政治立场坚定,工作表现突出,经吴亚鲁介绍,加入中国共产党。[①]

随着大革命的兴起,朱务平回到家乡,向青年学生、农民宣传党的主张,先后发展了多名进步青年加入青年团,在临涣建立起青年团组织。他鼓励团员深入各村进行社会调查,开展革命宣传。四一二反革命政变后,革命力量受到严重摧残。朱务平不畏艰险,坚持开展地下斗争。九一八事变后,朱务平发动群众开展抗日救亡运动。他经常派出党员到蚌埠市内人多的地方散发传单,宣传抗日;发动工人、学生开展请愿活动,要求国民政府停止内战、出兵抗日;组织蚌埠江淮中学等校学生成立抗日义勇军,奔赴东北抗日前线。

朱务平一直重视党的理论宣传工作,他主持创办了长淮特委机关报《红旗报》,宣传共产党的路线方针,宣传俄国十月革命和马克思主义,鼓舞长淮地区的劳苦大众与国民党反动统治作坚决斗争。他经常为该报撰写文章,还亲自参加报纸的编辑和刻印工作。

1932年9月,朱务平被逮捕,旋即被解送国民党南京宪兵司令部看守所。在狱中,朱务平用自己的行动教育和鼓舞难友们坚持斗争。他对难友们说:"共产党是杀不尽、斩不绝的。胜利一定属于我

---

① 关于朱务平的入党时间,有多种说法,一说是1922年,参见董畏民:《朱务平同志事略》,载中共蚌埠市委党史资料征集办公室编:《蚌埠党史资料》(第四辑),第52页;载中共宿州市委党史办公室、宿州市档案馆编:《宿州党史资料》(第一辑),第54页。一说是1923年,参见安徽省地方志编纂委员会编:《安徽省志·人物志》,方志出版社,1999年,第181—182页。一说是1924年底,参见中华人民共和国民政部:《中华著名烈士》(第十卷),中央文献出版社,2001年,第95页。

们无产阶级！"① 他还请难友出狱后带信，请求党组织教育他的儿子，让他做革命事业接班人。同年 11 月，朱务平在雨花台刑场壮烈就义。而朱务平用生命和鲜血播下的革命火种，却在淮北大地上星星点点越烧越旺。

2. 大江南北传播星火者

蒋云，1903 年出生在江苏江阴周庄陈家仓一户书香门第，原名陈叔文。1925 年，蒋云从苏州工业专科学校毕业后，放弃了去上海康泰食品公司就职的机会，毅然回到江阴投身革命，并于 1927 年加入中国共产党。

1928 年，蒋云参加了在莫斯科兹维尼果罗德镇的塞列布若耶别墅内召开的中共六大。会议上代表们长时间的争论，也让他感受到了党内斗争的尖锐和激烈。他下定决心："我的一切都已交给了党，为了维护党的路线的正确，我蒋云可以随时牺牲一切！"会议结束后，蒋云回到上海，担任中共江苏省委巡视员，负责京沪沿线及澄（江阴）苏锡常等地区的巡视工作。1929 年 11 月，在中共江苏省委第二次代表会议上，蒋云当选为省委候补委员。1930 年 7 月，省委改组，成立了江苏省总行动委员会，党、团、工会合并，由李立三任书记，蒋云任委员。1930 年 8 月底，蒋云奉省委命令，再次回到江阴担任县委书记。

蒋云对党的忠贞和卓有成效的工作，得到了中共江南省委的充分肯定。但在中共六届四中全会召开后，蒋云的做法遭到了王明的打

---

① 中共南京市委党史资料征集编研委员会办公室、南京雨花台烈士陵园管理处编：《南京英烈》（第 2 辑），1989 年，第 26 页。

击报复，被撤职，受到党内处分，离开了原有工作岗位。蒋云虽然内心十分痛苦，但仍以革命事业为重，接受了王明让他担任上海五金工会主席的职务，继续为党忘我工作。他以茶商身份为掩护，专注于工会工作，并化名姜志行。

1931年12月11日，蒋云在上海三和里参加产业总工会主席联席会议时，因叛徒出卖，不幸被捕。经南京、苏州、上海等地法院10余次审讯和严刑吊打，在叛徒到庭指认、极力劝降面前，蒋云表现出一个共产党员的浩然正气，严词斥责敌人，坚决不承认自己的身份。并写下上诉书，"恳请从事昭雪，宣告无罪"。1932年7月，蒋云被江苏省高等法院第三分院判处三年四个月徒刑，后来又被押解到南京。这时，大叛徒顾顺章正在南京为蒋介石卖命，得悉蒋云之事，设法将其转移到自己建立在南京边营的一个特务室里，企图劝说蒋云为他效劳。蒋云表面上与之周旋，暗地里设法避开特务的监视，秘密写信给姜辉麟，与在上海的江苏省委取得了联系，在敌人的心脏里继续从事对敌斗争。但不久，蒋云的秘密被顾顺章发觉，并将从上海赴南京准备与蒋云接头的姜辉麟抓获。[1]

顾顺章对蒋云、姜辉麟二人软硬兼施，逼招口供，均遭失败。一个月后，顾顺章决定狠下毒手，将二人转移到南京城南边营的特务机关，先用毒酒将蒋云毒死，将其遗体埋入城墙边早已挖好的土坑中。次日，又用绳子将姜辉麟勒死。就这样，两位坚强的无产阶级革命战士，为了崇高的理想信念，长眠在金陵古城墙下。

---

[1] 中华人民共和国民政部编：《中华著名烈士》（第十卷），中央文献出版社，2001年，第636页。

二、扛笔作枪谱写革命文化宏篇

革命不但要重视枪杆子，也要重视笔杆子，重视宣传革命道理，营造有利于发动群众推动革命运动发展的社会舆论氛围。为此，中国早期先进分子通过创办进步报刊，建设进步书社等，宣传新文化、新思想，为传播马克思主义革命文化做了大量富有成效的工作。雨花英烈中的陈子涛、骆何民就在抗战胜利后参与了揭露国民党发动内战的《文萃》周刊的编辑出版工作，他们以笔作枪，传播着信仰的力量。

1. 以笔作枪书《文萃》

《文萃》以沟通内地与收复区的信息、传达各方人士对于国事的意见、分析复杂多变的国际情势为宗旨，同时刊出一些诗歌、漫画等文艺作品。该杂志一创刊，很快就在国统区的民主人士、进步青年中流行，发行量不断增加，最多时全国有30多个特约经销处，并且出版过合订本、北平航空版等。杂志的流行引起国民党当局的重视，中统局对《文萃》进行了侦查。杂志的主编黎澍被迫离沪前往香港，由陈子涛接任主编，《文萃》工作也转入地下。

接任主编后的陈子涛不仅加入了共产党，还勇挑重担，以纸笔作刀枪，在共产党的直接领导下勇敢战斗在新闻战线上。陈子涛虽是主编，但他担负着改版后《文萃》的约稿、编辑、校对等工作。当时的环境十分恶劣，没有固定工作场所，他经常拎着装满稿件的皮包四处奔走，朋友家里、公园里都是他修改稿件的场所。陈子涛曾指着他的皮包对朋友说：这就是我的办公室，我走到哪里，办公室就在哪里。

为使敌人搞不清哪本杂志是原来的《文萃》，陈子涛将杂志改版成为原来的一半大小，变成了一本小册子，每期换一个名字。之后，为便于读者辨认，从第三期丛刊起，封面上印有"扛笔尖兵"的标志。

第六期以《论纸老虎》为名，介绍了毛泽东"论纸老虎"的谈话。

为了陈子涛的安全，地下党将一笔较大数目的钱款交给他，让他去租赁一处公寓，以便隐蔽。陈子涛却把这笔钱付了作者稿费，以及一位作者转移去香港的路费。因无钱租房，他借住在印刷厂经理骆何民的家里。陈子涛独自一人在上海生活，十分清苦，没有一件像样的衣服，身上最值钱的物件是友人送他的一支派克钢笔，那是他的宝贝，是他战斗的"枪"。

陈子涛曾对要求入党的同志说："要入党吗？很好。但请你先考虑一下：你准备为革命献出自己的生命吗？被敌人逮捕了，你能保守秘密吗？你能永远服从党的组织吗？"[1] 在这一连串的问话之前，陈子涛肯定是这样问过自己，而且是做了肯定的回答。被捕后的他也确实用自己的实际行动践行了他的"诺言"。他的一位老战友对其有过评价：他办报是个好记者，办杂志是个好编辑，在革命征途上是个好党员。1947年初，《文萃》杂志遭国民党政府查禁，负责印刷《文萃》的印刷厂老板怕担风险，借口专门排印书籍，婉言拒绝了印刷任务。

《文萃》杂志

骆何民就义前给妻子的遗书

---

① 中共南京市委党史资料征集编研委员会办公室、南京雨花台烈士陵园管理处编：《南京英烈》（第2辑），1989年，第298—299页。

没有了印刷，编得再好的《文萃》也无法问世。在这困难时期，刚从福建监狱中走出来的骆何民主动要求承担起筹办印刷厂这一危险而又重要的任务。他从妻兄费骢那里借了一笔钱，地下党组织也给他一笔款子，他以个人名义在很短时间筹办了一家友益印刷厂，自己出任经理，负责《文萃》的印刷工作，发行任务仍由原《文萃》经理部经理吴承德负责。

1947 年 6 月，特务发现上海襄阳北路报摊出售《文萃》丛刊，于是逮捕了这个摊贩的人员，因而追出了发行据点人人书报社，并根据线索找到了正在印刷第十期丛刊的友益印刷厂。负责发行《文萃》的经理吴承德在装订最后一期《文萃》时被捕。这最后一期还未来得及发行就被国民党特务全部收缴。陈子涛还在这期的前言中继续宣传革命信仰："亲爱的读者们，这本小册子是我们用血的代价换来的，希望你保藏它，并把它传遍开去，让每个人都知道：几千年的压迫快要被消除了，一百年来志士仁人奋斗以求的新中国就要诞生了！大家快行动起来，迎接这个新的伟大事变！"①

1948 年 5 月，被逮捕的陈子涛、骆何民、吴承德三位，被押解到南京宪兵司令部看守所。在关押期间，骆何民和陈子涛想方设法获取中外书籍和报刊，孜孜不倦地学习，在牺牲前夕，仍坚定理想，传递着革命信念。

2. "我们有一枝笔"，就会使革命运动从另一方面蓬勃起来

"革命运动虽然受到暂时的挫折，但我们有一枝笔，就会使他从

---

① 中共南京市委党史资料征集编研委员会办公室、南京雨花台烈士陵园管理处编：《南京英烈》（第 2 辑），1989 年，第 299 页。

另一方面蓬勃起来。"这是革命文学拓荒者洪灵菲生前说过的话，表达了对革命文化传播的决心。

　　1902 年，洪灵菲出生在广东省潮安县江东区洪砂村的农民家中。9 岁时，洪灵菲进入私塾读书，1918 年小学毕业，进入金山中学。1919 年，发生在千里之外的五四运动波及到遥远的潮州古城，洪灵菲深受影响，如饥似渴地阅读《新青年》《新潮》《新生活》等刊物，逐渐萌生了对自由平等社会的向往，并开始显现出文学上的天分。1922 年，洪灵菲进入广东高等师范学校（中山大学前身）英文科学习。莎士比亚、拜伦、雪莱进入了洪灵菲的视野，大师作品中的浪漫主义情怀和对自由民主的赞颂激荡着年轻人的心，对他的人生选择产生了重要影响。

1929 年洪灵菲在上海与妻子、儿子的合影

洪灵菲创作和翻译的部分作品

　　1926 年，洪灵菲加入中国共产党。同年 8 月，他从广东高等师范学校毕业，参加了广州国民党中央海外部工作，并担任了《海外周刊》的编辑。他一边从事革命工作，一边用手中的笔创作了大量的诗歌和散文。1927 年，几经辗转，他来到上海，在这座白色恐怖空前严重的城市，从事党的秘密工作。洪灵菲以自己过去几个月的亲身经历为基础，开始了自传体长篇小说的创作，先后著成《流亡》《前线》《转变》三部代表作，被称为"流亡三部曲"。这三部长篇小说具有共同点，都刻画了青年知识分子在革命运动中的思想、生活和爱情，带有早期革命文学所特有的热力，表现青年一代从沉沦中挣扎出来，走向革命，革命终于战胜沉沦的主题，给予了当时有志于革命的青年以很大的支持鼓励。作家阿英撰文指出："洪灵菲有一种力量，就是只要你把他的书读下去一章两章，那你就要非一气读完不可。"[1]

　　革命工作之余，洪灵菲创作不辍，被赞为"彗星式的高产作家"，又创作了短篇小说《在木筏上》《在洪流中》《归家》，中篇小说《大海》等。在这些作品中，劳苦大众取代知识分子变成主角，体现了洪灵菲采纳了文艺大众化的主张，开始跳出 20 世纪 20 年代后期"革命浪漫蒂克"的漩涡，转向 20 世纪 30 年代的革命现实主义取向。

　　1930 年 3 月，中国左翼作家联盟成立，洪灵菲当选为常务委员。1931 年秋任上海反帝大同盟中共党团书记。他频繁的活动，引起了国民党当局的注意。上海《申报》还登出对他的通缉令。面对这种险恶的环境，洪灵菲依然笔耕不辍，大力传播革命信仰。

　　1933 年 7 月，因叛徒出卖，洪灵菲被逮捕。刑讯时，洪灵菲表

---

[1] 阿英：《"流亡"批评》，《我们》1928 年第 1 期。

现出共产党人钢铁般的坚强。敌人对他的一切威逼利诱，都没能从他口中得到半点党的机密。1934 年，32 岁的洪灵菲被国民党反动派秘密杀害。

三、黄埔英华的信仰坚守

雨花台有一批从黄埔军校走出的革命烈士。他们大多在第一次国共合作时期加入中国共产党，成为北伐战争时期的军中骨干。四一二反革命政变后，在革命与反革命的重大抉择面前，他们坚守了共产党人的政治立场，毅然与国民党反动派决裂，旗帜鲜明地投身捍卫革命的斗争。他们大多是在国民党营垒开展革命活动和组织群众开展斗争时被捕，在生命的最后关头，抱定心中的主义，展示了他们信仰的坚贞和无比的忠诚。如胡秉铎、高文华、文绍珍、蓝文胜等就是这类群体的代表。

1. 胡秉铎"为主义，一往无前"

1923 年 3 月，为寻求救国救民之路，胡秉铎北上求学，考入北京朝阳大学。入学后，他大量阅读进步书籍，初步接受了马克思主义。1924 年 1 月，为引导贵州广大青年学生投入社会变革，在周逸群的邀请下，胡秉铎毅然中断学业，赴上海参与创办《贵州青年》，负责编辑工作。胡秉铎先后在《贵州青年》上发表了《残废的三个人》《寂寥的夜》《恶政府的势利》《攻敌》《杂感》等文章和诗歌。其中《杂感》一文，把斗争的锋芒直接指向军阀政府。他写道："山国里酋长式的贵州政府……凭借权势，作威作福；就是那些拇指大的科长科员们……竟敢一手遮天，假借公权报复恩怨，全不管是非曲直；无怪一般哀苦无告的小百姓，受尽他们底［的］欺凌侮辱，怨声载道。"①1924 年 8 月，胡秉铎经邓中夏推荐，从上海前往广州，以第一名的优异成绩考取黄埔军校第二期步兵科，迈出了作为革命军人的第一步。

在军校，胡秉铎系统地学习革命理论知识，革命思想得到升华，革命目标日益明确。1924 年底，胡秉铎加入中国共产党。1925 年 1 月，黄埔军校成立了以党、团员为核心的青年军人社，出版刊物《青年军人》，胡秉铎担任刊物总编辑。不久，在周恩来的领导组织下，中国青年军人联合会正式成立。联合会"竭力以在军队中从事文化政治工作为己任"，痛陈帝国主义和国内各派军阀相勾结的严峻事实，号召革命军人"为救国救民救自己计"，联合工、农、学、商各界民众，"拥护全民的利益及幸福"，打倒帝国主义与军阀。② 在军校学习期间，胡秉铎还经常给家人和家乡好友写信，向他们宣传革命思想，动员好友投身革命。他多次动员父母变卖家中的房屋、田地和山林，救济贫苦农民。他说，不久的将来，崭新的社会将会来到人间。可见，他对革命胜利和美好社会的到来充满了必胜的信心。

随着革命运动的迅速发展，国民党右派掀起的反共逆流也在滋长。1926 年 7 月，胡

胡秉铎任总编辑的
《青年军人》创刊号

---

① 政协榕江文史资料研究委员会编：《榕江文史资料》（第四辑），1989 年，第 26 页。
② 《中国青年军人联合会成立大会记》，载《中国军人》创刊号 1925 年 2 月 1 日版，转引自广东革命历史博物馆编：《黄埔军校史料（1924—1927）》，广东人民出版社，1982 年，第 332—334 页。

中国青年军人联合会第一次代表大会合影（前排左四为胡秉铎；1925年2月1日，周恩来领导组织的黄埔军校"中国青年军人联合会"成立，胡秉铎、徐向前和周逸群等被选为负责人）

秉铎随东路军踏上北伐的征程，先后担任东路军总指挥第1科科长和第1师政治部主任。国民革命军占领南京后，蒋介石为篡夺革命果实，暗中策划军事政变，以排斥打击中共在军队中的力量。胡秉铎得知这一重要情报后，立即设法将此情报报告第2军第6师师长戴岳、党代表肖劲光，并叮嘱他们"人不能离队，师部不能驻南京，要驻浦口"。[①]1927年4月12日，在蒋介石指使下，大肆逮捕屠杀共产党人和革命群众，随后发动了血腥的"清党"活动。黄埔军校学生因信仰主义的不同分为国共两个阵营。追随蒋介石的黄埔生作为"天子的门生"成为国民党军界炙手可热的人物，黄埔毕业生的身份，成为富贵

_____

① 中共黔东南州委党史办编：《黔东南革命烈士传》（第一集），贵州人民出版社，1989年，第9页。

利达的通行证。但胡秉铎却不为所动，坚守自己的政治信仰，在白色恐怖笼罩下，继续无悔的革命征程。他冒着生命危险，时而找同志们谈话，时而去党的秘密机关开会。一天，他正在秘密召开党员会时，因被人告密而遭逮捕。入狱后，敌人对其软硬兼施，妄图动摇他的革命意志。但胡秉铎不为利诱，后被蒋介石令何应钦派人秘密杀害于南京，牺牲时年仅 25 岁。

胡秉铎牺牲后，《布尔什维克》第十一期刊登的题为《胡秉铎之死》的文章指出：“烈士的死，促进了更多青年的觉醒，我们未死者誓为你报仇，负起创造新人类的责任。”①

2.高文华“不为金玉折断腰”

高文华，1907 年出生于江苏无锡，曾用名程清、高潮。1922 年到南京东南大学附属中学勤工俭学。他自小就酷爱读书，到南京后，更是如饥似渴、废寝忘食地读书，对《新青年》等诸多进步书刊爱不释手。面对当时中国黑暗的社会现实更是痛心疾首，开始追求真理，寻找救国之路。

1924 年初夏，高文华考入黄埔军校第三期学习，后又转入高级政治训练班深造，参加了军校学生军，在多次战斗中冲锋陷阵、奋勇当先。在学习和战斗中，高文华结识了许多共产党员。在他们的引导下，高文华认真学习了《共产党宣言》《共产主义 ABC》《社会科学大纲》等许多马克思主义理论书籍，并写了大量读书笔记。他认识到“光一个人觉悟了是没有用的，一定要团结起来，推倒一切恶势力，解放自

---

① 中共黔东南州委党史办编：《黔东南革命烈士传》（第一集），贵州人民出版社，1989 年，第 10 页。

己。这种推倒恶势力的方法，唯一只有宣传革命"。[1]1925 年，他毅然加入中国共产党。

1926 年 7 月，国民革命军正式出师北伐。高文华参加了进攻军事重镇武昌的战事，并于 10 月 10 日攻克武昌。年底，他奉命到南昌，任总司令部工兵团党代表（陆军上校衔），是年 19 岁。1927 年初，高文华率工兵团随东路军由江西向浙江、上海进攻。蒋介石发动四一二反革命政变后，高文华不甘愿当新军阀进攻革命的工具，便毅然离开工兵团，回到家乡无锡继续从事革命活动。

根据组织的安排，高文华任共青团无锡县委宣传委员。他利用自己是国民党员、黄埔军校毕业生的公开身份，担任了国民党无锡市特别委员会妇女青年运动委员会党务委员，兼任《中山日报》编辑。他以从事国民党妇女青年运动为掩护，将遭到破坏的共青团组织迅速地恢复起来，并发展了新的团员。他的家也成了团县委的联络站。

1927 年秋，中共江苏省委为贯彻八七会议[2]决议，准备立即在江苏各地组织农民暴动。高文华协助组织城区交通队和宣传队，调查国民党驻军、警察、商团的人枪配备情况，并负责城乡之间的联络工作。11 月 9 日晚，发动的农民暴动在当夜就失败了。11 日晚，中共党、

---

[1] 中共江苏省委党史工作委员会、江苏省民政厅编：《江苏革命烈士传选编》，中共党史出版社，1990 年，第 446 页。

[2] 八七会议是第一次国内革命战争失败以后，在关系党和革命事业前途和命运的关键时刻，中共中央政治局于 1927 年 8 月 7 日在汉口召开的紧急会议。会议批判和纠正了陈独秀右倾机会主义错误，撤消了他在党内的职务，选出了新的临时中央政治局，确定了土地革命和武装斗争的总方针，决定发动秋收起义。毛泽东出席了这次会议，并提出了著名的"枪杆子里出政权"的论断。会议通过了《中国共产党中央执行委员会告全党党员书》等议案。八七会议在中国革命紧急关头及时地向党和全国人民指明了斗争方向，反对政治上的"右"倾机会主义，使党在革命中前进了一大步。

团县委秘密机关遭破坏，高文华也因此暴露。次日晚，国民党警察搜查他家，但扑了个空，便将他父亲抓去当人质。在党、团县委遭到严重破坏的情况下，高文华临危受命，负责全县共青团工作。他立即安排已经暴露的团员向农村转移，重建团县委机关，并布置可靠的团员潜伏城区，伺机恢复组织，坚持斗争。1928年3月，高文华在化装成农民前往周山浜汤家桥与华成元联络工作时，被敌人发觉，不幸被捕。

被捕后的他严守党的秘密，任凭敌人百般引诱或严刑拷打，坚不吐实。国民党反动当局没有确凿证据，定不下更重的罪名，只得判处其9年监禁，将其关押在南京老虎桥江苏第一监狱（即模范监狱）。在狱中，高文华按照读书计划，抓紧时间认真读书。在他部分书信中所提到要读的书就有六七十册，有些马克思主义书籍是加了《圣经》的封面被送进监狱的。在读完《资本论》后，他兴奋地写信告诉妹妹：

少年时的高文华　　　　1929年高文华在狱中写给父亲的信

"Marx 的《The Capital》是一部最好的书,百读不厌,越看越有滋味。"①

身陷狱中的他还十分关心外面的斗争形势和革命战友。他常在信中用暗语要求了解政治新闻,索要研究当代思潮的刊物来阅读。1929年端午节时,他一气呵成写下《南风》《端午》《屈原》三首诗,寄托自己忧国忧民的情怀。他在狱中还计划为牺牲的战友写传记,读更多的书,写更多的作品,还要为他自幼就引以为豪的祖先明代东林党首领高攀龙编纂文献集等。但是,三年多来所遭受到的残酷迫害、狱中的非人生活,使他的身体受到极严重的摧残,染上了伤寒,于1931年7月因病不治而去世,年仅24岁。

3. 蓝文胜 "战斗在敌人内部"

蓝文胜,1906年出生于湖北广济县新庙蓝家湾一户普通农家。他天资聪颖,酷爱学习,14岁时考入广济县立高等学校,1925年毕业。1926年初,蓝文胜进入黄埔军校第五期就读。在校期间,他学习了系统的革命理论,接受了严格的军事训练,阶级觉悟不断提高。北伐战争开始后,他所在的第1中队随校参加北伐。后又接受了中共早期领导人恽代英、国民党左派领袖邓演达的谆谆教诲,还亲聆时任中共中央农委书记毛泽东关于两湖农民运动的精辟演讲。革命及军事理论学习与北伐战争的实践,使他思想产生了质的飞跃。正如他所说:"以前认为读书便能救国,现在看来错了!因为战乱时期,读书人连自己的脑壳都保不住,哪能谈得上救国二字?尤其在我接触到 C.P.(中国共产党)之后,越发感到自己过去很多话都是清谈,以文是不能取

---

① 中共江苏省委党史工作委员会、江苏省民政厅编:《江苏革命烈士传选编》,中共党史出版社,1990年,第449页。

胜的（指他自己的名字文胜），只有用武力革命，才能战胜邪恶，所以我决意改名为武扬……"[1]1927 年春，在军校的他秘密加入了中国共产党。

在军校，蓝文胜参加了驻鄂黄埔学生讨伐蒋介石的活动，并拒绝参加军校毕业反共宣誓。他十分痛恨国民党反动派背叛革命的行径，一直默默地寻找党组织，对党和革命事业忠心耿耿。尤其是面对1930 年中共南京市委遭到严重破坏，大批共产党人被杀害，他依旧没有丝毫动摇，仍坚定不移地寻找党组织，表现出坚决的革命意志。1931 年，蓝文胜在学长兼挚友李昌祉将其情况向党组织汇报后，胜利回到了组织怀抱，继续艰险的革命救国之路。

1931 年春，中共江苏省委军委决定在南京宪兵系统建立中共地下特别支部，"发展组织，搜集情报，开展兵运"。为避免引起敌人注意，便于联系并开展工作，特支决定由蓝文胜在夫子庙大庆楼旅社长期包房作为联络点。9 月，蓝文胜调至宪兵第 3 团任团部上尉副官。为掩护地下工作，他将住在广济乡下的妻子朱银凤接来南京。他们夫妇二人在城南人口稠密的饮马巷安家，传递情报和消息。经过努力，南京宪兵系统中共特支发展到 20 多位党员，还团结了一些外围群众，形成地下革命团体。他们暗中传递情报，营救被捕同志，出色地完成了一系列任务，成为江苏省委军委一个强有力的战斗堡垒。

1931 年，在王明"左"倾教条主义错误的领导下，南京宪兵系统地下特支被宣布由长期隐蔽在敌人心脏以便发挥特殊战斗作用转入进行蛮干硬拼的对敌公开斗争。1932 年初，南京宪兵系统党员名

---

[1] 《雨花英烈画传》编委会编：《雨花英烈画传 3》，南京出版社，2015 年，第 60 页。

单因市委军委负责人路大奎被捕后叛变供出，致使宪兵系统地下特支陷入极度危险之中，数人被抓。当时正随宪兵 3 团赴苏州与驻防苏州的宪兵第 2 团调防的蓝文胜得知宪兵系统地下特支有人被捕后，心急如焚。为摸清情况，他与南京党组织取得联系，不顾自身安危，毅然决定冒死前往。临行前，他焚毁了所有文件，并关照妻子说："万一我不回来，你就去南京找哥哥，或回乡下去种田。"①

蓝文胜
（1906—1933）

到南京后，蓝文胜了解到南京市委及其军委、南京特委均已遭破坏。他紧急通知省委军委和有关党员停止活动。而他自己为不引起敌人怀疑，保护特支，又从容地回到苏州，继续坚持工作。不幸还是降临了。1932 年 9 月，蓝文胜在苏州被捕。

为获取更多的情报和线索，特务们对蓝文胜关押审讯，威逼利诱。在对他使用酷刑的同时，拿着他发展和领导过的党员名单与他对质。为了保护同志，蓝文胜把所有责任揽于一身："这些当兵的有什么资格参加共产党？军人以服从命令为天职，我当官的这么一说，他们谁敢不听？一切责任全部由我承担！"②面对特务的疑问："你是黄埔学生，怎能反对和背叛校长呢？"蓝文胜听后冷笑道："他何以对得起

---

① 中共南京市委党史资料征集编研委员会办公室、南京雨花台烈士陵园管理处编：《南京英烈》（第 1 辑），南京工学院出版社，1987 年，第 303 页。
② 《雨花英烈画传》编委会编：《雨花英烈画传 3》，南京出版社，2015 年，第 66 页。

先总理孙中山和国难艰危下的国人。"[1] 他愤慨地列举了蒋介石背叛革命和容忍日本侵略的卖国行径，直言："校长过去讲的与他现在做的全不一样。既然他背叛革命，背叛人民，我们就能背叛他！"[2] 字字铿锵有力，让特务们无言以对。最后蓝文胜被判处死刑。

临刑前，蓝文胜安慰前来探监的妻子说："不要害怕，我所做的事情都是正义的，正义的事情一定会胜利！"[3]1933 年 2 月 12 月凌晨，蓝文胜被押至雨花台刑场行刑，壮烈牺牲。

第三节 在残酷的革命斗争中践行真理

马克思主义是指导中国共产党人为了国家新生、民族独立、人民自由解放而奋斗的思想武器。中国共产党人在长期的理论学习和残酷的实践斗争中建立起对马克思主义的坚定信仰，并且不惜以生命践行这一信仰。他们有的是担任党内重要职务的领导人，有的是隐蔽战线上的"无名英雄"，有的还是"风华少年"。在这个群体中就有雨花英烈的不朽雄姿。

一、"多少头颅多少血，续成民主自由诗"

在雨花英烈中，不少英烈在长期的理论学习和残酷的实践斗争中建立了对马克思主义的坚定信仰，为了这个理想而艰苦卓绝地奋斗，

---

① 《雨花英烈画传》编委会编：《雨花英烈画传 3》，南京出版社，2015 年，第 66 页。
② 《雨花英烈画传》编委会编：《雨花英烈画传 3》，南京出版社，2015 年，第 66 页。
③ 《雨花英烈画传》编委会编：《雨花英烈画传 3》，南京出版社，2015 年，第 66 页。

抱着"砍头不要紧，只要主义真"的决心，最终以生命捍卫和践行了自己的信仰。

1. 冷少农：忠孝只酬主义真

"忠孝只酬主义真"是对雨花英烈冷少农寻求真理历程的真实写照。冷少农出生于贵州省瓮安县一个小康家庭。17 岁时，他以优异成绩考入贵州公立法政专门学校，成为闻名四邻八乡的青年才俊。

1919 年，五四反帝爱国学生运动迅速波及贵阳，冷少农积极参加贵州省学生联合会组织的学生游行示威，声援北京。他如饥似渴地阅读进步书籍和报刊，与思想进步的同学一起研读、宣传马列主义，探寻救国救民的道路。他将自己的名字"肇隆"改为"少农"，以表达为劳动大众献身的志向。1923 年，他怀着学以致用、救国救民的美好愿望从法政学校毕业，先后任《民意日报》编辑，贵州筹饷局紫云、开阳印花税督催员等职。1925 年，冷少农离别母亲、妻子和不满半岁的儿子，前往广州投身革命，在黄埔军校工作期间加入中国共产党。入党后，冷少农被党派往东征军政治部主任周恩来的办公室工作，后被调往中共两广区委工作，任周恩来的技术书记。在周恩来身边工作的几年间，冷少农表现出了机敏的性格和出色的才干。1926 年，冷少农为鼓励被释放的好友梅重光，写下诗《我们的将来》，希望其坚信真理，继续为信仰而斗争。1927 年，冷少农来到南京，开始了在白色恐怖笼罩下的敌占区的潜伏生涯。

我们的将来[①]

我们的将来，

---

① 雨花台烈士陵园管理局编：《雨花英烈诗词》，南京出版社，2017 年，第 51—52 页。

无论遭何打击，

究竟怎样划算？

我们的手段：

干！干！干！

任他四围如何黑暗，

即使无路可走，

我们的精神：

依然愈进愈烈！

不屈不挠！

不变换！

人们究竟怎样划算？

我们只要手段不乱，

精神一贯，

前途虽是茫茫，

自然会有光明的一天。

1929年，根据周恩来的指示，冷少农在南京石将军巷10号建立中共地下联络站，联络了具有进步思想的郑仲坚等贵州籍军人。他们利用各种关系收集情报，并发展国民党中央陆军学校的瓮安老乡舒葆初加入中国共产党。1930年，中原大战结束后，蒋介石迅速抽调兵力，组织对中央苏区的第一次大规模"围剿"。根据冷少农提前送来的机密情报，红军应对有方，退敌10万，生擒敌前线总指挥张辉瓒。

正当冷少农的工作顺利开展之时，千里之外的母亲来信使他陷入深深的痛苦。母亲不了解他的真实身份和身负的重任，写信责备他"不忠不孝，忘恩负义"。整理好思绪的冷少农给母亲写了一封近五千字的回信，信中写到："照理我应该把家庭中一切的责任负起来，……极力的巴结，把官做大一点，把钱找多一点，……但是我竟不这样做！……这是你老人家急于要知道的，也是我现在要解答的。你老人家和家庭中一切人过去和现在的苦痛，我是知道的，但是无论怎样的苦，总不会比较那些挑抬的和那些讨田耕种的、讨饭的、小偷们、土匪们苦痛。……我因为见着他们这样的痛苦，我心里非常的难过。我想使他们个个都有饭吃，都有衣穿，都有房子住，都有事情作〔做〕。""我现在就是在向着这个方向做起去。这样的事情，是一件最大而又最复杂的事情，我要这样干，非得把全身的力量贯注着，非得把生命贡献，……我既把我的力量和生命都交给这一件事情，我怎么能够有工夫回家来，忍心的丢着这样重大的事情，看做〔作〕一般人受痛苦，而自己来独享安逸呢？……"① 字里行间充溢了一个共产主义者博大的胸怀和为美好社会奉献的大爱精神。

在南京潜伏期间，冷少农在不断收集情报的同时，秘密发展了多位国民党军队人员加入中国共产党。

冷少农（1900—1932）

① 雨花台烈士陵园管理局编：《雨花英烈家书·2》，南京出版社，2017年，第52—53页。

1932 年 3 月，敌人从叛徒口中得知，冷少农是中共安插在南京国民政府军政部的重要人物，立即将冷少农逮捕。许多国民党官员为讨好何应钦，纷纷前来劝降冷少农，让其供出同伴，但都遭到他严词拒绝。在狱中，冷少农沉着冷静，始终保持坚定的信念。据狱中难友回忆："少农同志是穿西装的，他很少讲话，但很乐观，看起来很稳重，当时估计，他是个比较重要的人物，很冷静，没有不沉着的表现。"①冷少农被捕时，他的儿子尚且年幼，他在给儿子的信中除了表达出一位父亲对孩子的殷切希望外，也反映了他对真理的坚定，信中写道："我之爱你，是望你将来为一极平凡而有能力为一般劳苦民众解决不能解决之各项问题、铲除社会上一切不平等之人物。苍儿！社会之新光在照耀着你，希望你猛进！"②1932 年 6 月，冷少农同志壮烈牺牲。

2. 为革命事业哪里危险去哪里

"哪里危险去哪里"是对许包野革命生涯的真实写照。他将不远万里探寻到的革命真理向中国民众传播，在白色恐怖中点燃革命的星星之火。

1931 年九一八事变后，许包野受共产国际的派遣，秘密从西伯利亚途经黑龙江，回到祖国。这时的国内依然被白色恐怖所笼罩。当他一入国门，就被国民党特务监视、跟踪。为摆脱敌特的盯梢，他先到新加坡，几经周折，于年底才回到阔别 11 年的故乡。亲人们都希望他在家久住下去，不愿意他再离开。而许包野想的却是尽快与党组

---

① 《笪移今回忆冷少农烈士情况》，载谢崇禄、范祖贵编著：《冷少农传略》，贵州教育出版社，2011 年，第 95 页。

② 雨花台烈士陵园管理局编：《雨花英烈家书》，南京出版社，2016 年，第 60 页。

1934 年 5 月 31 日，许包野给党中央的信。信中汇报了
厦门开展反对帝国主义斗争的情况，同时对继续开展职
工运动、农民运动和士兵运动提出了建议

1923 年 10 月许包野（后排右二）与朱德（前排右三）等人在德国哥
廷根的合影

织接上关系，早日为党工作。1932 年 3 月，许包野终于与党组织接上关系。

1934 年 7 月，因中共江苏省委连遭国民党当局破坏，中共上海中央局决定调中共厦门中心市委书记许包野到江苏任省委书记，组建新的省委。此时的他用的化名是宝尔。上任不久，许包野就被叛徒盯住，想抓住他以换取国民党当局高额赏金，故千方百计诱捕他。许包野机智勇敢、沉着果断，以其丰富的地下斗争经验，反而将叛徒除掉，震慑了敌人。同年 11 月，中共上海中央局又调许包野任中共河南省委书记，化名"老刘"。这时红军撤出苏区开始长征，白区地下党的工作极其艰难。在险恶的环境下，他仍积极地开展工作。1935 年 2 月，因叛徒出卖，许包野在河南开封不幸被捕。不久，敌人将他押解到南京。

在狱中，敌人对他动用各种酷刑，妄图降服他。许包野宁死不屈，坚守着一个共产党人崇高的革命信仰。敌人没有从他口中得到任何东西。不久之后，受尽折磨的许包野牺牲在狱中，年仅 35 岁。

3. 为践行真理而牺牲

信仰和忠诚是共产党人的底色，而战斗在隐蔽战线上的英雄们更是信仰和忠诚的杰出化身。"北平五烈士"① 和淮海战役时期秘密策动国民党军起义的四烈士就是其中的典型代表。

北平五烈士分别是丁行、谢士炎、赵良璋、朱建国、孔繁蕤。

丁行，教师出身，1927 年加入中国共产党。后因家乡暴动失败

---

① 1947 年，中共北方王石坚情报系统被敌破坏，共涉及华北、西北、东北地区，导致 44 名地下情报人员被捕入狱，牵连被捕 123 人，其中有 20 余位国民党将校级军官。其中，北平地下情报组织的丁行、谢士炎、赵良璋、朱建国、孔繁蕤五位同志于 1948 年 10 月在南京中央军人监狱刑场英勇就义，史称"北平五烈士"。

逃到陕西，入西北军池峰城部当兵。从文书、书记、秘书，升任至军部秘书处处长。1937年底，丁行从大后方邀请臧克家等30多名进步作家及文艺人士，来到池峰城部队，成立了战地服务团。丁行兼任副团长，暗中传播革命理论。后因暴露被迫解散。之后，丁行离开池峰城部回到重庆，居住在冯玉祥的研究室里。他一边学习，一边同重庆的中共地下党建立联系，从事革命活

丁行（1908—1948）

动。同时经池峰城的介绍，丁行任西北军著名将领孙连仲的秘书。丁行因才华出众深得孙连仲赏识，并被安排担任孙连仲的家庭教师。丁行利用他的特殊身份，在从事地下情报工作的同时，还营救了不少被捕的同志。后因身份暴露，丁行被软禁于湖北恩施深山上的一个茅屋里，三个多月后在党组织的营救下恢复自由。1946年初，北平军调部成立后，丁行即与中共代表取得联系。在此期间，他多次提供国民党军队在华北战场上的兵力部署、作战计划及其他政治、经济方面的重要情报。1947年秋，因叛徒出卖，丁行在家中再次被捕。在狱中，丁行受到敌人的严刑拷打，但他坚不吐实。1948年10月19日，丁行在南京壮烈牺牲，时年40岁。

谢士炎从陆军大学毕业时，正逢抗日战争爆发，立即投军，任国民党第三战区第16师团长。在浙江衢州，他率部与日本侵略军苦战，歼敌2000多人，击毙日军少将旅团长，被当地老百姓称为"武状元"。

抗战胜利后，谢士炎任国民党第六
战区武汉前进指挥所主任，1945
年冬在孙连仲的第十一战区司令长
官部作战处任少将处长。这时，国
民党政府发动内战，人民日益陷入
饥寒交迫之中。对此，谢士炎感到
十分气愤，最后与国民党政府彻底
决裂，加入共产党的队伍。后被中
共地下组织正式吸收，在国民党第
十一区司令长官部负责情报与兵运
工作。1947 年 2 月，谢士炎在叶

谢士炎（1910—1948）

剑英的介绍下秘密加入了中国共产党。同年，谢士炎调任国民党保定
绥靖公署少将处长。他利用参与国民党高级军事会议的机会，向共产
党提供了一系列重要军事情报。1947 年因叛徒出卖不幸被捕，先后
被关押在北平监狱和南京中央军人监狱。无论国民党当局怎样威逼利
诱，甚至声称只要他退出共产党就能官复原职，都没让他动摇。1948
年 10 月，面临即将到来的行刑，谢士炎挥笔写下"人生自古谁无死，
况复男儿失意时。多少头颅多少血，续成民主自由诗"的诗句后，从
容走向刑场，牺牲时年仅 38 岁。

赵良璋，南京六合人，曾是国民党的中尉飞行员。在校期间，他
努力研读进步书报，自修音乐，学习创作，写出了许多抗战歌曲，并
以"野雪"别名发表于当时较为进步的《新音乐》杂志上，并一度担
任《新音乐》名誉编辑。他谱写的《假如我为了真理而牺牲》《春晨江边》
等乐曲，曾在青年群众中广为流传。1946 年，赵良璋同志在北平国

民党空军第二军区司令部总务科任参谋时，党的地下组织和他发生了联系，同年冬发展他加入了中国共产党。根据党的指令，他打入国民党空军司令部战情科，取得参谋的职位，冒着危险，克服各种困难，积极搜集了许多重要情报。

赵良璋（1921—1948）

1947 年 9 月，党的北平地下组织遭到破坏，秘密电台被敌人查获，在敌军中从事情报工作的赵良璋等同志相继被捕。在敌人酷刑拷打下，他始终大义凛然，严守秘密。1948 年 10 月，临刑前的赵良璋同志镇定自若，并写下了给难友的诀别信。信中写道："我是带着勇敢与信心就义的。我虽倒了，但顽强的性格仍使我精神永不灭亡！"[1] 在这封绝笔信中，也可见赵良璋对真理的捍卫及在生死之际所表现出的对战友和亲人的深情厚谊。

朱建国，1916 年出生于江苏睢宁。1938 年初，参加了国民党第五战区抗敌青年军团，经过半年训练，又考入中央军校第 6 分校（桂林分校）第 16 期。1940 年毕业后，分配到五战区长官部任见习参谋。因聪明干练，深受该部参谋处长高松元赏识。1942 年升任上尉参谋，后又被保送到国民党陆军大学西安参谋训练班学习。期间，朱建国结

---

① 南京雨花台烈士陵园管理处史料室编：《雨花台革命烈士书信选》，江苏人民出版社，1983 年，第 113 页。

识了同窗好友王啸、唐复华、刘建之，他们志同道合，经常在一起阅读《联共（布）党史》《大众哲学》等马列主义书籍，进而深刻认识到"只有共产党才能救中国"。后于1943年毅然加入中国共产党。抗战胜利后，朱建国接受党组织要求他打入敌人要害部门的指示，通过老上级高松元的推荐，于1946年春来到北平国民党第十一战区，被任命为司令部参谋处少校参谋，并代理作战科长，后调任十一战区天津前进指挥所任上校作战参谋。期间，朱建国将十一战区的作战计划、战斗序列、兵力部署和调动以及北平城防兵力配备火力网图、天津警备区域划分及军事位置图等重要情报，转送地下党组织。1947年正太、青仓、保北战役期间，朱建国又及时提供了敌军的兵力部署及状态，并在清风店战役前，将保定绥靖公署的"清风店作战计划"送出，对战役取得胜利起到重要作用。然而，不幸也随之而来，9月，因叛徒出卖，朱建国被捕，1948年10月英勇就义于南京。

孔繁蕤，1918年出生于河北邢台市沙河县田村，从县立乡村师范毕业后，1936年在湖北参加国民党军队，1937年考入中央陆军军官学校。抗战全面爆发后，目睹国土沦丧，国民党顽固派却热衷于和共产党人闹摩擦，他十分愤怒，向老乡吐露心声说："人家共产党领导的八路军、新四军正全力向华北、华中的日本人进攻，听说咱家乡一带都成了八路军的天下了，咱们这些中央军不跟日本人打，却向共产党背

孔繁蕤（1918—1948）

后捅刀子，真窝囊透了。"①抗战胜利后，孔繁蕤调到北平任国民党第十一战区长官部少校参谋。期间，他结识了共产党人徐冰，后经徐冰介绍，秘密加入了中国共产党。孔繁蕤所在的二处是军统情报机关，他利用这个有利条件，在其他地下工作人员的协助下，通过秘密电台，向中共中央、中央军委联络部提供了不少国民党军队在华北战场的重要情报。1947 年 7 月，在爱国民主人士余心清等人的争取下，国民党第十一战区司令孙连仲有与中共进行洽谈的意愿，孔繁蕤立即将此情况电告中共中央，周恩来、叶剑英就这事对北平地下党作了指示。不幸的是，同年 9 月秘密电台被敌人侦破，来往电文被查获，同时因报务员叛变，正因肺病住院的孔繁蕤被捕。敌人对孔繁蕤连续审问，并动用酷刑，病魔缠身的他被折磨得已无法站立，在狱中，他鼓励狱友，坚持学习英文，锻炼身体。面对军法局的审问，孔繁蕤坚定地回答："我是共产党员，我们为了大众的幸福，不能不革你们这些反动派的命！共产党是个有主义，有作为，有办法，而最后必能成功的党。她的最终目标就是我奋斗的理想。"②1948 年 10 月，壮烈牺牲。

另外，淮海战役时期秘密策动国民党军起义的四烈士分别是：周镐、王清瀚、谢庆云、祝元福。

周镐，1910 年出生于湖北罗田县三里桥乡七里冲周家垸一个农民家庭。14 岁考入武汉私立成呈中学读书，1927 年毕业。同年，桂

---

① 河北省沙河市地方志编纂委员会编：《沙河市志》，生活•读书•新知三联书店，1994 年，第 811 页。
② 中共河北省委宣传部、中共河北省委党史研究室编：《英雄河北》，河北人民出版社，2007 年，第 256 页。

系第四集团军在武汉创办随营军校，周镐考入该校步兵科①。抗战期间受国民党军统局戴笠委派潜伏于南京汪伪政府，成为汪伪政府第三号人物周佛海与重庆政府之间的联络员之一。他利用在汪伪政府中的便利条件，建立了军统南京站并兼任站长。军统南京站是当时沦陷区的大站，下设八个组。周镐身负重任，工作效率高，成果显著，戴笠颇为满意，提拔周镐为军统少将。1943年，受军统局长戴笠派遣，潜伏南京，活跃于汪伪政府上层军界中，专门负责情报联络工作。后因国民党纷繁复杂的利益冲突被戴笠逮捕入狱。1946年3月17日戴笠因飞机失事身亡，周镐在供职于军统的好友帮忙下走出监狱。随后

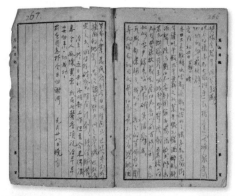

周镐一组日记摘要

周镐和妻子吴雪亚

① 该校后改为中央军校武汉分校。

被中共地下情报人员徐楚光策反，提出加入共产党的申请。经中共中央华中分局、华中军区负责人邓子恢、谭震林批准，周镐成为中国共产党特别党员。周镐入党后，决心以实际行动来接受党的考验，并在日记中立下誓言："十死余生，须尽全力为革命而奋斗！"[1] 充分表达了他对党的一片赤诚之心。1949年淮海战役中，周镐奉命策反国民革命军刘汝明部起义。后因轻信刘汝明的"诈降信"而被逮捕入狱。在狱中，周镐受尽酷刑，但他宁死不屈，没有向敌人吐露半点机密。这让敌人恼羞成怒，被下令"立即处决"。同年，周镐被敌人秘密杀害于南京雨花台，时年39岁。

谢庆云，又名卿云，字天祥，1900年出生于山东巨野大谢集镇谢集村。历任团部上士文书、旅部上尉军需、师部少校军械员、军部上校军务处长。1927年起，先后任巩县孝义兵工厂厂长、河南省烟酒税务局局长、山东省烟酒局局长、山东省公路局局长、讨逆军第二路汽车管理局局长、梁冠英和吉鸿昌部参议。抗日战争时期，先后任天津造币厂（宋哲元办）厂长、热察绥冀四省统税局石家庄分局局长、宋哲元军部参议、孙良诚部总参议和孙部汪伪第二方面军第四军副军长，兼任该军驻南京办事处少将处长。其间，在中共西安办事处驻孙部代表宣侠父的影响下，开始接近共产党。1944年，秘密加入中国共产党。按照党组织指示继续留在国民党军内部从事地下统战工作，受中共中央华东局第六工委领导，后为六工委成员。

1945年7月，谢庆云精心安排中共中央派第十八集团军（八路

---

① 中华人民共和国民政部编：《中华著名烈士》（第二十七卷），中央文献出版社，2003年，第532页。

军）秘书长申伯纯等，持毛泽东劝孙良诚起义的亲笔信到扬州，多次与孙部谈判起义事宜。他利用多年故旧关系，数次找孙部第四军军长赵云祥交谈，终于促使赵云祥于同年秋在苏北盐城宣布起义。抗战胜利后，任中共中央华东局六工委成员，并任国民党第一绥靖区（司令刘汝明）一〇七军副军长兼该军驻南京办事处少将处长，继续做策动孙良诚部起义的工作。针对孙良诚

谢庆云（1900—1949）

脚踩两只船的暧昧态度，研究制定了打拉结合促其起义的行动计划。

1948年11月，淮海战役打响后，谢庆云通过争取孙良诚格外器重的王清瀚加入中共特别党，进一步推动了策反孙良诚的工作。谢庆云和王清瀚等对孙良诚反复劝说，终于使孙率国民党一〇七军军部和二六〇师全体官兵5800余人在江苏睢宁县境向解放军投降，接受改编。1948年12月，在淮海战役进入最后阶段，为对夺取全国胜利多做些贡献，他们向党组织建议，通过孙良诚再做国民党第一绥靖区司令刘汝明的策反工作。中共华东分局和华东野战军经过慎重研究，批准了他们的策反计划。商谈中，孙良诚表示同意以其名义给刘汝明写劝降信，其实暗中却做起了手脚。当月下旬，刘汝明一面把假降信息告知淮北，一面立即电告南京国民党当局，并建议马上逮捕谢庆云。1949年1月，谢庆云被国民党保密局特务逮捕。特务们对其施尽酷刑，终无所获，不久后的一天将其装进麻袋，抛入黄浦江中。

王清瀚，河北交河人。历任西北军孙良诚部第二师参谋长、新编第六师师长。抗日战争期间，曾随孙良诚投靠汪伪，任汪伪第二路军第五军军长。抗战胜利后，任国民党先遣第二路军第二军军长、暂编第五纵队第一总队总队长、第一○七军副军长兼二六○师师长。1948 年被吸收为中共特别党员。同年 11 月在淮海战役中，策动孙良诚向解放军投诚。后在策动刘汝明起义时被逮捕。他在协助周镐策反敌一○七军方面做了许多工作。后又奉命协助周镐、孙良诚对刘汝明部开展秘密策反。1949 年，王清瀚被秘密杀害。

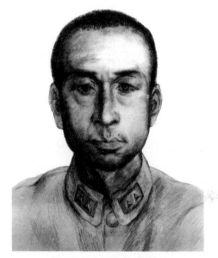

王清瀚（1898—1949）

祝元福，又名祝康国，山东掖县人，1943 年考入汪伪军官学校学习，1947 年被吸收为中共候补党员，历任中共中央华东局联络部六工委政治交通和通讯联络组长等职。1949 年 1 月，在协助周镐策反刘汝明时因暴露被捕。在狱中，敌人对他软硬兼施，始

祝元福（1921—1949）

终一无所获。1949 年，敌人将祝元福秘密处决，时年 28 岁。

4. 潜伏敌营二十载为党工作

徐楚光，1909 年出生于湖北浠水县，又名建豫、祖芳、楚狂等。1926 年考入黄埔军校武汉分校第五期。1927 年，在白色恐怖严重时刻，他毅然加入中国共产党。此后的 20 年里，他服从党的派遣，打入敌营，在魔窟里为党工作。

1929—1939 年，徐楚光受党组织委派，先后潜入国民党蕲水（今浠水）县自卫大队、罗田县自卫大队、豫西师管区、国民党将领李济深、孙殿英部做策反工作。期间，他经常与士兵们促膝谈心，向他们宣传革命思想，揭露国民党反动面目，引导他们弃暗投明。许多士兵深受其影响，有的在"剿共"时作战不力，有的甚至弃甲归田。在国民党军队孙殿英部的教导大队任中校教育长期间，他白天讲课，勉励青年人努力训练，随时准备到前线打击日本侵略军。晚上，他经常参加各班的讨论会，对一些思想进步的青年，采取个别接触的办法，发展其加入中国共产党。在他的影响下，教导大队的学员先后有 1000 多人离开孙殿英部，到抗大一分校学习。

1939 年底到 1940 年初，他被调到中共中央北方局党校学习。同年 3 月调任抗大参谋教官。1942 年后，由八路军总部秘书处派往南京，潜入汪伪政权中枢做情报和策反工作。1945 年春，徐楚光与汪伪空军中校教官吉翔和伪航训处副处长白景丰成为朋友，常秘密联系，并派地下工作者厉仁杰潜入伪空军任警卫营长，共同策动原汪精卫的座机"建国号"的驾驶员驾机起义，飞往延安，吉翔、白景丰也随之投奔了解放区。同年春夏之际，在徐楚光的指导下，由地下工作者王宗良收集情报，共同粉碎汪伪军委会京畿地区总司令部调集万余人的兵力，妄图消灭茅山根据地新四军的"清剿"计划，使日伪军的"清剿"多次扑空。1945年8月，徐楚光与地下工作者赵鸿学一起，通过启发、策反，争取到汪伪警卫第三师师长钟健魂率部3000余人起义，投奔解放区，受到中共中央华中局和新四军的欢迎。1946年，徐楚光受命于中共中央华中分局，出任华中分局成立的华中联络部第三工作委员会主任，负责京、沪、杭、徐（州）一带的情报搜集和策反工作。他将工作目标首先对准驻扎扬州的国民党第25师黄百韬部。徐楚光经常去扬州搜集情报，指导中共华中分局第三工作委员会扬州联络站的工作。由于掌握了敌人大量情报，1946年秋，黄百韬所部数次进犯苏北解放区，都遭到惨败。

1947年初，华中局副书记谭震林指示徐楚光从敌营跳到敌后，以华中军区特派员的身份到湘鄂赣地区，组建湘鄂民主联军，迎接刘邓大军南下。同年9月，当徐楚光由长沙到武汉，准备前往大别山地区向刘邓首长请示组建边区武装部队时，因叛徒刘蕴章、夏伯诚的出卖，在湖北武汉被国民党特务逮捕，并于年底押至南京保密局，关在宁海路19号监狱。

在狱中，敌人对徐楚光采用多种软硬兼施手段，或许诺以高官厚禄，或用尽酷刑，但他始终坚贞不屈。当从敌人报纸上看到"济南沦陷"的消息时，徐楚光面对敌人大笑，拊掌称快，说道："我看到了胜利的曙光，为之奋斗的理想和事业将要实现了。"[1] 敌人见他态度"顽固"，已达不到他们的目的，遂于1948年10月9日将他秘密杀害。

---

[1] 浠水县新四军历史研究会编：《浠水新四军老战士传略》，浠水县新四军历史研究会，1996年，第8页。

牺牲时，徐楚光年仅 39 岁。

《解放日报》1945 年 8 月 15 日报道了汪伪警卫第三师反正

1945 年春，徐楚光参与策反汪精卫"建国号"座机起义，
图为"建国号"及飞行员黄哲夫

二、生死考验面前的"风华少年"与"青春壮歌"

青年学子中的革命者，是雨花台烈士的一个重要群体。他们中大多数是在求学阶段接受革命真理，加入党团组织。在共产主义信仰的引领下，他们把个人的理想与国家和民族的前途命运紧紧联系在一起，以火一样的热情投身革命，展现了独有的青春光华。在严峻的生死考验面前，他们对革命事业表现出了无比坚定的信仰和坚决战斗到底的恒心，并为之献出年轻的生命。他们中年龄最小的只有16岁。他们用实际行动彰显了共产主义信仰无比强大的力量。袁咨桐、石璞、曹顺标、郭凤韶等均是这一群体的代表。

1. 袁咨桐"坚定地相信，共产主义一定能实现"

袁咨桐，原名荣先，又名克生，化名庆吾，1914年出生于贵州省习水县土城。1924年到黄齐生创办的贵阳达德学校初小就读。1926年8月，跟随黄齐生来到遵义三中读书，在黄齐生的培养、抚育下，逐渐确立了革命的人生观。1929年，随黄齐生来到南京，进入晓庄乡村实验师范学校附小高年级就读。同年，加入中国共产主义青年团，不久担任团支部书记。这时的袁咨桐已升读初中，加入了陶行知发动成立的联村[①]自卫团。自卫团名义上是防"共匪"，实际上掌握在党团员手中。

1930年4月，学校党支部根据市委决定，由袁咨桐与党支书一起带队参加声援工人斗争的示威游行。在游行学生和反动军警的抗争中，袁咨桐被反动军警打伤，组织上曾安排他到上海暂避，他却坚决要求留下来继续斗争，5月不幸被捕。

---

① 当时晓庄校内宿舍分成若干村。

8月，中共南京市委准备举行武装暴动，后因消息泄露，袁咨桐再次被捕，转押至国民党首都卫戍司令部。在狱中，反动当局见他年少，施以利诱威逼，时年16岁的他却毫不动摇。当时还不是共产党员的他，为表示自己坚定的共产主义信仰，理直气壮地承认自己是共产党人。但对组织秘密却守口如瓶，特别是敌人要他指认谁是共产党员时，他不是怒目相视，就是破口大骂。

黄齐生获知袁咨桐被捕的消息后，找到谷正伦，想凭贵州同乡

袁咨桐牺牲前拍的照片，有他亲笔写的"长别人世"字样

1930年，袁咨桐（后排左一）与黄齐生（左二）等人的合影

和自己在社会上的声望营救袁咨桐，遭到谷正伦的拒绝。随后，黄齐生又写信给他的学生即谷正伦的妻子陈瑾，要她仗义执言，劝谷正伦不要加害爱国青年。经一再请求，谷正伦同意释放但必须讲前提条件，那就是袁咨桐必须填写自首书，声明与共产党永远脱离关系。袁咨桐断然拒绝了这个所谓的前提条件，坚持信仰共产主义，并宁愿为之捐躯。这让谷正伦恼羞成怒。于是，他对袁咨桐动用酷刑，撬断了他的双腿，吊脱臼了他的双臂，打得袁咨桐全身皮开肉绽，妄图使之屈服。在敌人严刑拷打面前，袁咨桐始终坚贞不屈，表现了共产党人的革命气节。他将共产主义信仰作为自己的最高信仰，坚定地相信"共产主义一定能实现！"最后，敌人将他的年龄由 16 岁改为 18 岁，对他处以极刑。1930 年 9 月 17 日，袁咨桐被押赴雨花台，在"中国共产党万岁！""打倒国民党！"的口号声中英勇就义。

2. 石璞：为真理血洒金陵

石璞出生于辽宁铁岭的一个官宦人家。1929 年，16 岁的石璞考入了金陵大学。同年年底，石璞在国民党军警宪特密布的艰险环境中加入共产主义青年团。为时刻勉励和鞭策自己，立下了警句："努力才是人生，颓唐只见人死。勿以恶小而为之，勿以善小而不为。思想要系统化，行动要纪律化，生活要平民化。勿悲观，勿怠惰，勿自傲。"[1] 后石璞随陈景星一起战斗，他对来约他回辽宁家乡度暑假的郑辅周、金鼎铭坚定地说："两个月假期，能做很多事，我不回去了。"后因参加南京革命活动被捕，在狱中面对敌人的酷刑，他毫不屈服。敌人"劝

---

① 中共南京市委党史资料征编研委员会办公室、南京雨花台烈士陵园管理处编：《南京英烈》（第 1 辑），南京工学院出版社，1987 年，第 186 页。

说"他："你这小小年纪也加入共党，真是中毒太深，你知道吗？在中国只有三民主义……"石璞反驳道："你们早就背叛了中山先生的三民主义，我就是要革你们这些中山先生叛徒们的命！"他还用《苏武牧羊》的曲调，唱起陈景星创作的歌谣："工农痛苦实在深，资本家剥削，豪绅又欺凌，国民党、改组派，压榨实在凶……打倒国民党，驱逐美日英，建立苏维埃，红旗照日月，工人解放，农民翻身，大家庆升平！"①

1930年9月4日凌晨，敌人将石璞押向雨花台刑场。石璞壮烈牺牲。

新中国成立后，石璞的哥哥石瑛曾三次来到南京寻找石璞的墓址，终于在雨花台找到了石璞的墓碑。1964年1月30日，石瑛在祭奠石璞时，怀着悲切心情含泪为弟写下一篇悼词："璞弟呀！你守口

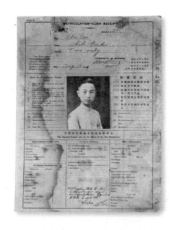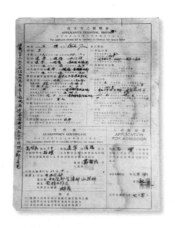

石璞报考金陵大学的履历表

---

① 王昭全：《铁岭赤子——石璞烈士传略》，载政协铁岭市银州区文史资料委员会编：《银州文史资料》（第2辑），1986年，第26—27页。

石璞与三个哥哥的合影（右立者为石璞）

1929 年, 金陵大学党支部成员的合影(左坐第一人为陈景星, 右立第一人为石璞)

如瓶，不出卖同志，真是硬骨头！你大难当头，不泄露组织秘密，真是有血性！你立场坚定，不屈服敌人，真是好男儿！你坚贞不屈，不改变主义，真是好党员！璞弟呀，你的血未白流，你的名未泯灭，你的遗骸未失。你伟大的理想已实现，你壮烈的志愿已成功！璞弟呀！你真是党的好儿子！你是我们的好榜样！你在九泉之下安息吧！"①

3.曹顺标为真理"生命爱情皆可抛"

曹顺标，1913 年出生在浙江萧山县城厢镇一个商人家庭。1932年 7 月在上海参加江苏省反帝代表大会时被捕，解来南京。当时，曹顺标的心中正暗恋着一个女孩，他牺牲前对难友说："死是没有什么可怕的，我自从入团的那天起，就准备随时牺牲。如果我死了，只有两件事感到遗憾：一件是，再不能革命了；还有一件是，我只活了十九年，还没有恋爱过。"②他深情地轻声吟诵起匈牙利爱国诗人裴多菲的诗：

> 生命诚可贵，
>
> 爱情价更高。
>
> 若为自由故，
>
> 两者皆可抛。

面对死刑，曹顺标一点不害怕，不慌乱，对革命胜利充满了信心。1932 年 10 月 1 日，曹顺标迈着从容镇定的步伐走上刑场，高唱《国际歌》，高呼"共产党万岁！"，年仅 19 岁。

---

① 黄卫东：《从银冈书院走出的革命志士——石璞》，《党史纵横》2014 年第 4 期。
② 田月华、闻慧斌：《传英烈正气 倡雨花清风 "正气清风雨花魂"系列之六》，《金陵瞭望》2011 年第 14 期。

曹顺标 (1913—1932)

上述这些雨花英烈，他们虽然年纪轻轻，有的稚气未脱，但同样意志坚定。在不幸被捕后，他们都将敌人的监狱和刑场当作战场，坚守信仰，矢志不渝。他们都为未来理想中的新中国的诞生抛洒了青春热血，用短暂的生命谱写了不朽的人生篇章，历史应当永远牢记这些年轻的革命烈士！

三、在八挫八起中高擎革命旗帜

1927 年到 1934 年，处于国民党统治中心的中共南京党组织遭到 8 次大破坏。敌人的一次次破坏，都没有扑灭革命的火焰。在残酷的斗争面前，一批又一批共产党员，擦干身上的血迹，高举起革命的旗帜，义无反顾，前仆后继，腥风血雨中，南京党组织岿然挺立。张应春、孙津川、顾衡等均是这一群体的代表。

1. "入了党，就当以党为前提"

"我以为入了党，当然以党为前提了，一切多（都）可以牺牲的。"[1] 这是张应春于 1925 年底写给她的同乡柳亚子信中的话。在柳亚子的影响下，她投身民主革命激流，成为江苏妇女运动的先驱。

投身革命后，为了反对封建礼教、争取女权，张应春毅然带头剪去发髻。其父亲知道后，严词责备，她回复道："大人苟终弗儿谅者，

---

[1] 中共南京市委党史资料征集编研委员会办公室、南京雨花台烈士陵园管理处编：《南京英烈》（第 1 辑），南京工学院出版社，1987 年，第 46 页。

儿且远走北国，终身不复宁家矣！"① 表现了她一往直前的坚决态度。

1925 年 8 月，国民党江苏省党部在上海成立，张应春被选为省部执行委员兼妇女部长。任期内，她深入基层调查研究，动员群众，组织队伍，统一安排了全省的妇女运动。当时国民党右派悍然解散上海妇女运动委员会时，张应春十分愤怒，日夜奔走，重新筹建，使江苏省妇女运动蓬勃开展。

为扩大革命宣传，提高广大妇女的觉悟，出生于江苏吴江的她决定创办妇女界的刊物，名《吴江妇女》。该刊于 1926 年 3 月 8 日国际妇女节问世。刊物的宗旨是：号召妇女起来，打倒帝国主义和军阀，推翻旧礼教，以求妇女和全人类的自由平等。她在创刊号的《国际妇女纪念日与吴江妇女》一文中说："我们吴江的妇女……要为自己的自由。为自己的经济独立，为社会上法律上教育上求得种种的平等"，"向压迫阶级进攻"。② 后来，她又连续撰写了《悼北京为爱国惨死的女烈士》《我们应该怎样纪念"五卅"》等多篇文章。《吴江妇女》在

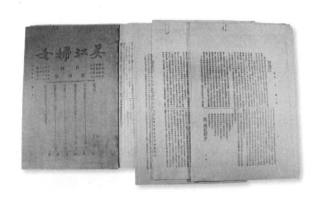

1926 年，张应春
创办的《吴江妇
女》杂志

---

① 中共吴江市委党史工作办公室编：《中共吴江地方历史》（第一卷），中共党史出版社，2006 年，第 378 页。

② 中共吴江市委党史工作办公室编：《中共吴江地方历史》（第一卷），中共党史出版社，2006 年，第 380 页。

当时只能秘密出版发行，张应春冒着生命危险，忘我工作，承担了组稿、撰稿、编辑、发行、筹划经费的全部工作。《吴江妇女》对当时妇女解放运动和国民革命运动，起了积极的推进和指导作用。

张应春在积极从事妇女运动的同时，还英勇地站在与国民党右派斗争的前列。1926年3月12日，孙中山先生陵墓奠基典礼在南京举行，张应春与柳亚子、侯绍裘等人先后从上海赶到南京。在当天上午召开的大会上，张应春发表了演讲。会后，举行群众游行，她手执"拥护国民会议"的旗帜，走在女工队伍的最前列。下午，在中山陵墓破土奠基时，国民党右派雇用一批打手冲击会场，向柳亚子等左派领导人大打出手。在这十分危急的情况下，张应春等女同志挺身而出，奋力护卫，使柳亚子等安全脱险。

1927年4月2日，国民党江苏省党部从上海迁至南京。当时，因积劳成疾正在吴江治病休养的张应春，接到侯绍裘一连三封急电，要她速来南京赴职。张应春便不顾家人劝阻，于4月7日毅然抱病赴

1926年，张应春在南京参加纪念孙中山先生逝世一周年活动，执旗者为张应春

南京履职。4月9日，国民党江苏省党部和中共南京地委召开各革命团体负责人会议，决定第二天上午举行南京市民肃清反革命派大会。10日上午9时，侯绍裘在四五万群众参加的集会上，愤怒谴责蒋介石唆使数百名流氓打手捣毁省市党部、拘捕工会、党部负责人的反动罪行，要求释放被捕同志，惩办凶手。会后组织群众到总司令部请愿，不料遭到敌人的血腥镇压。当晚11时，中共南京地委会同国民党省市党部、总工会的中共负责同志在大纱帽巷10号召开紧急会议，研究应变措施。但因会址遭到泄露，11日凌晨2时，国民党南京公安局侦缉队将会议地点包围，张应春在内的10人均被捕。

在狱中，张应春在敌人残酷折磨下几度昏死过去，又被冷水泼醒。但她英勇顽强，只回答"我是共产党员"一句话，坚不吐实。敌人恼羞成怒，最后将她装入盛有石灰的麻袋，用刺刀活活戳死后，秘密抛入通济门外九龙桥下的秦淮河中。时年仅26岁。

2. "为党随时牺牲一切"

"为党随时牺牲一切"是孙津川的一句名言和人生信条，他是这么说的，也是这么做的。孙津川是中共南京党组织遭受到第三次破坏时牺牲的主要负责人。

1927年11月，中共江苏省委特派孙津川任中共南京市委职工运动委员。1928年3月，在南京地下党组织遭受到第二次大破坏后，孙津川临危受命，就任中共南京市委书记，他积极发展党员，着力恢复重建党组织。在中共六大上，他当选为中央审查委员会委员。1928年7月，在南京党组织遭到第三次大破坏时，孙津川不幸被捕，关押在首都卫戍司令部看守所，当局用重刑未能使孙津川屈服。据当时上海工人第三次武装起义中的铁路工人纠察队中队长周长福回忆，在狱中的他和孙津川装作互不相识，后敌人让他们对质，孙津川为了掩护周，对敌人说周长福是小开，不识字，不够资格加入共产党，自己才是共产党。周长福又回忆说："我始终记住我入党时，孙津川对我说，老周，你就是被捕了，敌人把你的手指一个个砍掉，也不能说出来。"狱中难友窦止敬、何正泉回忆说，孙津川在狱中时，曾有好友及党内同志想劫法场营救。当他得知这一消息时，衡量了主客观情况后，认为这样会给革命带来更大的损失，因此通过母亲转告他们千万不可鲁莽从事，万万不可为营救他而付出更大的牺牲。这些均体现了孙津川为理想信念奋不顾身的大无畏精神。

中秋节当天，孙母带着月饼等食物前来探监。见到母亲，严刑之下坚贞不屈的孙津川，泪水夺眶而出。母亲拿出孙津川爱吃的梨，

孙津川（1895—1928）

在中共六大上，孙津川与刘少奇等人当选中央审查委员会委员

递给他。孙津川把梨子咬开，只吃了一半，把剩下的一半递给母亲，暗示母子从此分离，表达了慷慨赴难的决心。同年 10 月，孙津川被押往雨花台刑场。孙津川一路高喊："杀了我一个，还有十个，杀了十个，还有百个，千千万万的革命者是杀不完的！"[①] 在刑场上，他高唱国际歌，高呼共产党万岁，从容赴死。

3. "人生如蜡烛，从顶燃到底"

顾衡，1909 年出生在江南水乡无锡三凤桥一个书香门第家庭。目睹国民党反动派的血腥屠杀，顾衡深为愤恨。他放弃做大数学家的理想和去法国留学的打算，寻求着救国的道路。他努力收集一切可以收集到的马克思主义书籍用来阅读、研究，决心用自己的青春和热血，勇敢开辟改造国家社会的新路。

1929 年底，许多人因大革命失败后白色恐怖严重，对革命前途悲观失望，顾衡却毅然脱离家庭、中断学业，到当时北京的新农农林学校当老师，并与朋友一起创办了《现代中学生》杂志，宣传进步思想。1931 年 11 月，顾衡任中共太和县委书记，领导发动党团员和农民群众开展革命斗争。他脚踏实地，深入群众开展工作。为了改变自己文弱书生的形象，他在太阳下晒得一脸黝黑，还将一双白净的手放在沙子中来回地搓，使双手布满老茧，他还和当地农民一样打扮，和工人农民打成一片。1934 年 8 月，因中共南京党组织遭到第八次大破坏，担任主要负责人的顾衡在中央大学附近的秘密住所被捕。在狱中，中统特务劝他投降，他义正辞严地拒绝道："如果要我写脱党声明，你

---

① 中共江苏省委党史工作办公室、中共南京市委党史工作办公室、雨花台烈士陵园管理局编：《雨花魂》，中共党史出版社，2015 年，第 25 页。

们得先让我回去请示一下，看我们党准许不准许！这是一种信仰，是不能动摇的！"①

顾衡（1909—1934）

顾衡在太和暴动时使用过的手枪

① 葛和林：《人的价值——忆顾衡烈士》，载许祖云主编：《烈血已经染雨花》，江苏科学技术出版社，2009年，第62页。

第四章 雨花英烈精神之二：高尚的道德情操

在雨花英烈的身上，不但有着革命者的英雄气概和献身精神，还有着对个人高尚道德情操的追求和实践。中华民族自古就有对君子人格的赞美，2000多年前战国时代的孟子就说过："富贵不能淫，贫贱不能移，威武不能屈"，这是中华民族先贤对人生境界的渴求，对高尚品格的仰慕，对完美人格的期许。牺牲在雨花台的革命烈士，就是这种美好人生的体现者，是人世间完美德性的探求者和践行者。

雨花英烈们所表现出来的高尚道德情操可从他们对待他人、对待社会、对待自己的思想和行为中看出，如为公；守法；不自私自利，愿人人有衣穿、有饭吃、有房子住；革命工作需要的地方应当义不容辞地去干，没有怨言；烧掉自己诞生一个新中国，有利愿尝随党而去，我们党的事你们无权过问，丹心贯日情如海；俭朴，反对浪费；尊重别人的权力；廉洁等。雨花英烈们的高尚道德情操不仅深刻地体现了中国优秀传统文化的要求，更展现出了拥有马克思主义世界观的人，会拥有怎样的人生观。雨花英烈们忠于人民、忠于国家、忠于革命、忠于党，方可在面对生与死考验时毫不犹豫抛头颅，洒热血，写下了可歌可泣的人生历史。这种高尚的革命情操，是值得我们民族永远珍视的精神财富。

第一节 救亡图存 忠贞报国

爱国主义是中华民族的优秀传统和精神支柱。中国人民历来把国家利益、民族大义放在至高无上的地位，无数志士仁人以爱国为崇高之愿，以报国为终生之责，认为"天下之本为国"，强调以国家之务为己任，"苟利国家生死以，岂因祸福避趋之"。同样，雨花英烈也是一批忠贞爱国的民族英雄。

一、为救亡图存而奋斗

雨花英烈们为革命奋斗的时代，也是风雨如磐的岁月。风雨飘摇的古老中华当时处于危亡关头。"救亡"，成为贯穿于数十年里的不变主题。而投身革命事业后，雨花英烈们也为救亡图存这一现实目标而奋斗不止。

1. "爱国热血不可消，救国苦衷不可灭"

"身可杀，而爱国热血不可消；头可断，而救国苦衷不可灭！"[①]这是雨花英烈陈原道在学生时代聆听了恽代英、萧楚女等人充满爱国激情的演讲后写下的人生誓言。这时的陈原道已自觉地将青春的激情和国家民族的危亡紧紧联系在一起。

1923年，陈原道加入中国社会主义青年团。1925年6月出席全国学生联合会第七届代表大会。同年经恽代英介绍加入中国共产党。同年底，受党组织选派，赴莫斯科中山大学学习，成为中共选送该校

---

① 《陈原道"国文"十篇》，载南京市地方志编纂委员会、南京文物志编纂委员会编：《南京文物志》，方志出版社，1997年，第430页。

的第一期学生。在校期间，他以惊人的毅力攻克了俄语关，同时研读了大量马克思主义经典著作，联系中国革命的实际问题进行思考，因独到的见解受到党组织的器重。1929年初，回国后的陈原道先后任中共江苏省委宣传部秘书长、河南省委组织部长兼秘书长、河北临时省委组织部长等职，并与同学刘亚雄结为伴侣。1931年4月，因顺直党组织遭破坏被捕。在狱中，他组建了秘密党支部，出任第一任党支部书记。狱中党支部采用灵活的斗争策略，在反对敌人的"反省政策"、改善狱中生活条件等方面取得了积极的效果，将狱中党团员紧密地团结在党支部周围，形成了一个坚强的战斗集体。他在难友中开展革命气节教育，提出"红旗出狱"的口号，要求难友们在漫长的狱中岁月里经受磨炼和考验，保持对党的忠诚，用各种方法争取出狱，继续斗争。

1932年9月，陈原道经党组织营救出狱。在白色恐怖十分严峻的环境下，陈原道仍不畏艰险，积极战斗。1933年1月，因叛徒出卖，陈原道再次被捕，被关押在南京宪兵司令部。面对敌人的威逼利诱，陈原道坚贞不屈，正义凛然，并对狱中的难友说："监狱是我们的学校，我们要在这里认真地锻炼自己，更好地认识敌人！"[1]4月，陈原道在雨花台英勇就义。1934年，时任第一届临时中央政府主席的毛泽东在第二次全国苏维埃代表大会开幕词中说："黄公略、赵博生、韦拔群、恽代英、蔡和森、邓中夏、陈原道……他们是在前线上，在各方面的战线上，在敌人的枪弹下、屠刀下光荣地牺牲了。我提议我们静默三

---

[1] 中共江苏省委党史工作委员会、江苏省民政厅编：《江苏革命烈士传选编》，中共党史出版社，1990年，第541页。

陈原道（1902—1933）　　1925 年，陈原道参加全国学生联
合会第七次代表大会的出席证

陈原道代表河南省委致党中央的信

分钟，向这些同志表示我们的哀悼和敬仰。"①毛泽东把陈原道和恽代英、蔡和森、邓中夏这些中国共产党的先驱领袖人物并列，给予了陈原道很高的历史评价。

2. "眼见国家将亡，不应徒作书生"

1923 年 6 月 12 日，中国共产党第三次全国代表大会在广州东山恤孤院后街 31 号（今恤孤院路 3 号）开幕，这是党在新民主主义革命时期召开的一次具有重大历史意义的全国代表大会。与会代表里有一位浙江省的代表，当时公开身份是军人。他就是被时任中共江浙区委书记的徐梅坤回忆为"我们党的第一个军人"②的雨花英烈金佛庄。

金佛庄乳名为文，原名金灿。1897 年，金佛庄出生在浙江省东阳县横店镇良渡村一个乡村医生的家庭里，是父母的长子。他 6 岁入私塾读书，曾有"神童"的美誉。其后，金佛庄转入新式学堂，又于 1915 年考入东阳县立中学。金佛庄入读这所家乡最好的中学后，和日后成为著名科学家的严济慈是同班同学。他们二人是要好的朋友，也是班级里成绩最好的学生，每一次考试时都激烈争夺第一名。

1915 年初，日本以支持袁世凯称帝为诱饵，正式提出了旨在灭亡中国的《二十一条》。学习成绩优秀的金佛庄"不胜义愤，志欲舍去研究科学而从军报国"③。此时，他发出了"眼见国家将亡，不应徒

---

① 毛泽东：《第二次全国苏维埃代表大会开幕词（一九三四年一月二十二日》，载中共中央文献研究室、中央档案馆编：《建党以来重要文献选编（一九二一——一九四九）》（第 11 册），中央文献出版社，2011 年，第 81 页。
② 中共中央党史研究室、中央档案馆编：《中国共产党第三次全国代表大会档案文献选编》，中共党史出版社，2014 年，第 125 页。
③ 雨花台烈士陵园管理局编：《雨花英烈文集》，南京出版社，2016 年，第 1 页。

作书生，默默以终也！"①的慷慨言辞。

1918 年从东阳县立中学毕业后，金佛庄毅然选择投笔从戎，报考了保定陆军军官学校。读军校期间，他又选择秘密加入了中国共产主义青年团，成为一名向党组织靠拢的进步青年。

1922 年，金佛庄从保定军校第八期步兵科毕业，被分配到了上海闸北淞沪护军使属下担任步兵连的排长。不久以后，金佛庄又到杭州，担任浙江陆军第二师第四团步兵营的排长。1922 年秋，金佛庄在杭州由团转党，成为浙江省最早的三位党员之一（另二人是于树德、沈干城）。从此，金佛庄以实现共产主义为人生追求，把自己的一切献给了党的事业。

中共三大闭幕后，金佛庄返回杭州，随后成为杭州党组织的负责人之一。不久，有丰富军事知识的金佛庄被党组织派赴广州，在国共合作的历史背景下参加中央陆军军官学校（即黄埔军校）的创建工作。1924 年 6 月黄埔军校正式开学，金佛庄担任了第一期学生队第三队队长。黄埔军校初创时期，金佛庄参加了以共产党员、共青团员为骨干的中国青年军人联合会的创建工作，并和这个革命组织的主要领导人蒋先云、周逸群、王一飞等发动组织成员，一起同国民党右派所操纵的"孙文主义学会"进行坚决的斗争。

北伐战争时期，他承担了前往杭州策反军阀孙传芳部将领陈仪的任务。金佛庄和助手顾名世于 1926 年 12 月上旬离开南昌，从九江搭乘英国商人"太古"号轮船顺江东下。轮船上有名英国特工向军阀报告了金佛庄的行踪。孙传芳立即如临大敌，出动宪兵在南京下关码

---

① 雨花台烈士陵园管理局编：《雨花英烈文集》，南京出版社，2016 年，第 2 页。

头设伏。金佛庄和顾名世坐的船经过下关码头时，军阀部队上船逮捕了二人。

金佛庄和顾名世被捕后，为了不连累他们计划策反的陈仪，大义凛然宣布是收集军事情报的侦察人员，否认自己是策反代表（历史

金佛庄 (1897—1926)

《黄埔日刊》上刊登的金佛庄被害消息

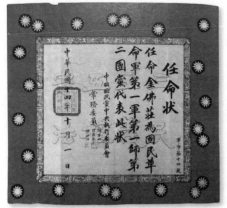

黄埔军校颁发给金佛庄的
任命状

1922 年，金佛庄毕业于保定陆军
军官学校时的毕业证书

记录称他们"自认侦探、不认代表"①）。他们随即被孙传芳枪杀于雨花台。壮烈牺牲的金佛庄成为第一批雨花英烈里的一员。

3."死为家国魂不灭"

1928年9月27日，人们在一位叫史砚芬的烈士口袋里发现了两封血迹斑斑的遗书，其中一封是写给弟弟妹妹们的诀别信。信中写道：

亲爱的弟弟妹妹：

我今与你们永诀了。

我的死是为着社会、国家和人类，是光荣的，是必要的。我死后有我千万同志，他们能踏着我的血迹奋斗前进，我们的革命事业必底于成，故我虽死犹存。我底［的］肉体被反动派毁去了，我的自由的革命的灵魂是永远不会被任何反动者所毁伤！我的不昧的灵魂必时常随着你们，照护你们和我的未死的同志，请你们不要因丧兄而悲吧！

……

我死以后，不要治丧，因为这是浪费的。以后你能继我志愿，乃我门第之光，我必含笑九泉，看你成功；不能继我志愿，则万不能与国民党的腐败份［分］子同流。

现在我的心很镇静，但不愿多谈多写，虽有千言万语要嘱咐你们，但始终无法写出。

好！弟妹！今生就这样与你们作结了。

你们的大哥砚芬嘱②

从这封家信中不难看出，革命烈士史砚芬为国家富强做好随时

---

① 张光宇：《第一次国共合作时期的国民革命军》，武汉大学出版社，1989年，第206页。
② 雨花台烈士陵园管理局编：《雨花英烈家书》，南京出版社，2016年，第8—9页。

牺牲的准备，充分体现了一位共产党员忠贞爱国、心怀大众的高尚道德。

史砚芬，化名余晨华，江苏宜兴人。童年丧父，兄妹三个的生活，靠祖母、母亲纺纱织布支撑。史砚芬的母亲自小就对他管教严格，教育他要做一个正直诚实的人，这也为他日后走上救国图存的革命道路打下了基础。1927年，史砚芬加入中国共产主义青年团，后转为中共党员。同年秋，任共青团宜兴县委书记。1927年11月任共青团南京市委书记，1928年任共青团江苏省委巡视员。自此，他在南京工人中发展组织，在学生中频繁地开展工作。在国民党严密控制的中央大学里，史砚芬不顾个人安危，多次深入该校，参加中大团支部会议，研究指导工作。同年5月，在又一次参加中大团支部会议时不幸被捕。在狱中，他写下《夜莺啼月》等文章，揭露国民党统治的黑暗，以及对国家美好明天的向往。

史砚芬的狱中难友贺瑞麟在《死前日记》里记录了史砚芬行刑

史砚芬（1904—1928）

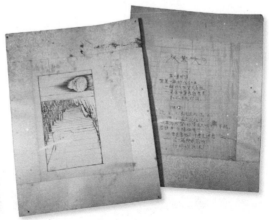

史砚芬在狱中写的散文诗《夜莺啼月》

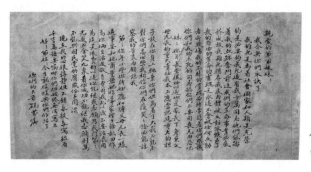

史砚芬牺牲后，亲属从其血衣中发现的遗书

当天的情景："今日六时，史砚芬、齐国庆、王崇典几位同志……拖向雨花台执行死刑。砚芬临刑时，身着南京来的青绿色直贡呢夹长衫、汉清送给他的白番布胶皮底（鞋）、白单裤。因为刚洗过脸，头发梳的光光的。他第一个先出去，神气最安逸……砚芬临去时，向我们行一个敬礼……'再会'。"史砚芬这种淡定从容直面死亡的背后，体现了一个共产党员的坦荡情怀。

二、走向反侵略第一线

抗日战争时期，有许许多多雨花英烈们为了保卫国家，直接奔赴抵抗日本侵略者的第一线。他们的事例不胜枚举。这些英雄举动也是英烈们忠于祖国的又一记录。

1. "很热忱，很愉快，干救国救民的事"

周执中，四川内江人，1926年加入中国共产党，先后担任过中共四川内江县杨家乡党支部书记、内江县委委员。1931年九一八事变后，日本发动了对中国东北三省的大规模武装侵略，大片国土的迅速沦丧，强烈地震动了中国社会。各阶层爱国人士眼看着国民政府屈辱退让，无不痛心疾首、义愤填膺。一个个群众性的抗日救亡运动很快在全国许多城市和村镇兴起，工商学兵各界民众团体和知名人士，纷纷发表通电，抗议日本的侵略暴行，要求国民党政府抗日。许多大中城市举行各界抗日救国大会，游行请愿，参加阶层之广，规模之大，为当时之几年来所未见。南京、天津、北平、汉口、青岛等城市的工人和其他劳动群众，也都以集会请愿、募集捐款、禁售日货等形式，掀起抗日爱国运动的热潮。

中共中央和中华苏维埃共和国临时中央政府多次发表宣言、作出决议，号召工农红军和被压迫民众以民族革命战争驱逐日本帝国主义侵略者。从1931年10月开始，在东北相继兴起为数众多的抗日义勇军。其中比较著名的领导人有黑龙江省的马占山、苏炳文，吉林省的李杜、王德林、冯占海，辽宁省的黄显声、唐聚五等，他们领导的斗争给日军以相当大的打击。

远在千里之外的上海，在九一八事变后不久，由各界爱国青年组织成立了"上海青年自愿决死抗日救国团"（以下简称"救国团"）。该团宣言声明为："因感国家兴亡，匹夫有责之义，爰特纠合海上同志，组织青年自愿决死抗日救国团，以追随爱国诸先烈之后，誓以鲜血头颅抗日救国，倭奴不退，誓不生还。"要求团员"具有相当学识能力，身体健康，能忍耐一切痛苦"，并规定"本团团员无论担任何项工作，均尽义务职，不支何项生活费、津贴费等，惟在出发途中时，由团部供给最低限度之饮食，如经济充裕时，得再发给御寒衣具，其余除办公费外，不得支领其他费用"。①

---

① 中国第二历史档案馆编：《中华民国史档案资料汇编·第五辑第一编·政治（四）》，江苏古籍出版社，1994年，第428—432页。

此时，因领导家乡抗捐抗税斗争，遭当地反动势力通缉的周执中，正好带着弟弟周健民辗转来到上海，周执中兄弟俩义无反顾地报名参加了救国团，经审查合格后成为该团团员。

参加救国团后的周执中担任秘书一职，他全力以赴，投入到宣传国难、抗日救国的前列中。在周执中等团员的共同努力和协助下，救国团主席黄镇东经多方募集，获得了多方机构和各界名人的赞助，得到 1400 块大洋经费补助，又得到当时的军政部 1000 元经费补助和服装补助。1932 年 1 月 15 日晚，救国团全体团员 55 人，由铁道部备车输送，从上海出发，北上进京，出关杀敌。

可是救国团刚刚到达北平，上海便发生了一·二八事变，日本帝国主义又在上海发动了侵略战争，妄图迫使国民党政府承认其占领东北的既成事实，并把上海变为它侵略中国内地的新基地。

闻此消息，全体团员悲愤之余，当即决定全体兼程南下回到上海，加入前方的切实工作，并沿途进行宣传，唤起民众联合起来打倒日本帝国主义。到达上海后的周执中也跟随救国团决意加入由蔡廷锴、蒋

1933 年，周执中（左一）与战友在北平留影

周执中写给父母的信

光鼐率领的驻扎在上海的十九路军，以达杀敌初衷。后救国团参加了十九路军作战宣传工作，因工作做得较好，颇受蔡军长之嘉许。1932年5月5日，《淞沪停战协定》签订后，救国团成员考虑到"东北失地尚未收复，救国之责任未了"，为实践本团"倭奴不退，誓不生还"的誓言，1932年8月，救国团再度出关北上。

1933年2月初抵达抗日前线后，周执中在给父母的信里写道："人人有枪有马，很热忱，很娱[愉]快的，干救国救民的事。"①

1933年底，周执中接上级党组织指示，赴南京考入军事学校，继续从事抗日救亡活动。1934年，周执中在南京浦口因叛徒出卖被捕，关押于南京宪兵司令部看守所。1935年，被转解至国民党中央军人

---

① 中国人民抗日战争纪念馆、抢救民间家书项目组委会编：《抗战家书》，中国画报出版社，2007年，第15页。

监狱，代号"973"。1936 年，周执中牺牲于狱中。

2. "八载坚心志，忠贞为国酬"

"不要钱，出气力"这六个字是雨花英烈吕惠生为人行事的两大准则：一为廉，二为勤，清清白白为人，兢兢业业做事，贯穿了他的一生。

吕惠生"于忧患中，始渐知社会之黑暗"[1]，于是开始接受社会科学方面的书籍，希望找到一条改造社会、救国救民的道路。当时正值第一次国共合作期间，北伐军一路凯歌，各地革命运动高涨，吕惠生结识了黄瑞生、卢光楼等人，并由他们介绍加入国民党，从事迎接北伐军的各项工作。

七七事变后，吕惠生奔赴反侵略一线，积极投入抗日救亡运动。在新四军江北游击队初创时期，武器和给养十分困难，吕惠生利用自己的社会声望四处奔走募捐，不遗余力地筹集粮饷和弹药。1939 年，吕惠生任《无为日报》社长及主编，大力宣传新四军抗日救国的主张，遭到反动当局的嫉恨，被列入黑名单。1941 年皖南事变后，吕惠生处境更加险恶，在进步人士的帮助下，他携全家化装逃出家乡安徽无为城，参加了新四军江北游击纵队。

吕惠生以高度的责任感投奔新四军，与同志们一起身穿粗布衣，脚穿自制草鞋，并说道："我是一个'人'，而且是一个受了社会高深教养的知识分子，当这样国家民族空前困难，且是国家民族空前转变，将要扬弃一切坏的东西，变成一个崭新的万世幸福光明的局面的

---

① 丁继哲：《纪念吕惠生烈士殉难四十周年》，载中国人民政治协商会议安徽省委员会文史资料研究委员会编：《解放战争》，安徽人民出版社，1987 年，第 66 页。

时候，在这时候，我能不尽心竭力地担负起我人民一份子的历史使命吗？我是一定要担负起来的。"[1] 吕惠生凭着高度自觉的爱国意识，先后将长女和长子送入新四军抗敌剧团，将次子送入新四军。"我之全家，已委托全部生命于革命，革命胜则我全家存，革命败则我全家亡，此已为明显不易之铁的事实，我何他虑？！"[2] 吕惠生将自己、家庭的命运和中国革命的命运紧紧联系在了一起。

1942 年，吕惠生加入中国共产党。不久，任皖中行署主任。1943 年 10 月任皖中人民抗日自卫军司令员。在领兵战斗的间隙，他还带领部队帮助当地人民发展农业生产，维护百姓利益。在一次干部训练班讲话中，吕惠生就如何做好财粮工作，专门对干部提出"廉"的要求：剔除中饱，涓滴归公，一文钱用在有利革命上。

随着皖中抗日根据地不断巩固，吕惠生还领导完成了皖江抗日根据地最大的水利工程——无为长江大堤黄丝滩江堤的建设。这条江堤素有"一线单堤，七邑生命"之称，直接关系着沿江七县 300 多万人民生命财产的安全。为了做好这一工程，他亲临现场勘查，选定最佳方案，精心制订规划，悉心组织施工。从工程破土动工到竣工，历时 212 天，吕惠生率领几十万民工，一边冒着日军飞机的轰炸，一边抵御国民党顽固派的骚扰，他与民工同吃同住，一起挖土、挑担、打夯，呕心沥血，风餐露宿。建成后，该堤被命名为"惠生堤"，以纪念吕惠生为建大堤所做出的贡献。至今，惠生堤仍是当地防洪的一道重要屏障。

---

① 雨花台烈士陵园管理局编：《雨花英烈文集》，南京出版社，2016 年，第 178 页。
② 雨花台烈士陵园管理局编：《雨花英烈文集》，南京出版社，2016 年，第 181 页。

吕惠生参加新四军后，先后将3个孩子送入新四军队伍中。图为1950年吕惠生妻子与子女的合影

吕惠生在日记中表明了与革命共存亡的决心

　　吕惠生一贯保持谦虚谨慎，对自己的要求十分严格。他在日记中写道："我深深知道，我是很不够格来担任这样一个名义和职务，党和首长们对于我总算是特殊又特殊，我若不加紧报以工作，我也是没有心肝……因此，三更灯火五更鸡，累断命根也不迟疑了。生命在此：干罢！鞠躬尽瘁，死而后已。"①1945年抗战胜利后，吕惠生不幸被捕，身份暴露，被押至南京。在狱中，面对敌人的威逼拷打，他凭着一颗忠贞的爱国心，毫不屈服。面对死亡，他将所思所想凝练成诗作：

　　　　忍看山河碎？愿将赤血流！

　　　　烟尘开敌后，扰攘展民猷。

①俞华泰：《勤廉忠贞为国酬——吕惠生》，《世纪风采》2015年第9期。

八载坚心志，忠贞为国酬。

且喜天破晓，竟死我何求！①

就义前，吕惠生在刑场上高声朗诵了此诗，表达了深厚的爱国之情。

3. "等杀完了敌人"再考虑个人的事

邹毅，又名邹善厚，1918 年出生于江西省横峰县。他父亲曾是追随方志敏闹革命的共产党员。邹毅从小生长于革命队伍里。父亲不幸被反动派杀害后，邹毅下了决心继承父辈事业，他曾写下了"来日方长、报国有志"的诗句。

全面抗战开始后的 1938 年，参加了新四军的邹毅加入了中国共产党。1941 年 12 月，邹毅奉令到南京郊区的溧水县韩湖区做开辟工作，担任韩湖区抗日民主政府的区长。这里是日伪军盘踞的沦陷区，邹毅到了这里之后就到了抗日的第一线。他处处表现出踏实的工作作风和不辞劳苦的工作热忱，当地人民群众称呼他为"江西老苏区来的红小鬼，抗日的先锋战士"。

邹毅是家庭的独生子。父亲牺牲后，母亲一个人远在江西，几次写信催促他回家乡完婚。他曾写过回信说："现在我还年青，再迟点结婚也可以……我想人生在世，总该做一场有意义的事情，何况是国家的需要，父亲的遗志呢？"②

到韩胡区任职后，邹毅率领区大队武装多次打击日伪势力，开辟出了一块游击区。邹毅又曾对区大队里的战士们说："我要等杀完

---

① 雨花台烈士陵园管理局编：《雨花英烈诗词》，南京出版社，2017 年，第 115 页。
② 中共横峰县委党史资料征集办公室编：《横峰英烈》（第一辑），1989 年，第 137 页。

了敌人，解放了全中国再考虑个人的事情。"①

1943 年 7 月，邹毅不幸遭遇日伪军的突袭而牺牲。

第二节 忠于革命 气节如山

打开中国历史，从上古至近代，各个朝代、各个阶级，以至于各个民族，都有讲气节的。崇尚气节，是中华民族优秀文化遗产中的重要内容。气节也是高尚道德情操的具体外化。雨花英烈在艰险的环境、残酷的战斗和敌人的酷刑面前，始终坚韧顽强，正气凛然，战斗到生命的最后一刻，表现出崇高的革命气节。卢志英、何宝珍、姜辉麟等就是其中的代表。

一、酷刑摧不倒革命气节

雨花英烈们被敌人杀害之前，大部分人都受过严刑拷打。但是酷刑可以摧残他们的肉体，却动摇不了他们忠于革命的英雄气节。

1. 被捕之后气节不改

卢志英是新中国建立前在中国共产党隐蔽战线上奋战 20 余年的英雄战士。他于 1925 年加入中国共产党。1934 年，受党组织秘密派遣，来到江西德安，在莫雄的保安司令部担任上校主任参谋，在配合莫雄的工作过程中，获取到大量国民党的军事情报。

1934 年，在战友的配合下，卢志英将蒋介石第五次"围剿"的核心机密"铁桶合围"计划成功截获并传递到周恩来手中。红军到达

---

① 中共横峰县委党史资料征集办公室编：《横峰英烈》（第一辑），1989 年，第 137 页。

陕北后，毛泽东曾对李克农说："红军得以生存，搞情报的同志功不可没呵！"抗日战争全面爆发以后，卢志英便潜入上海以经商为掩护，在收集情报的同时为新四军提供了大量的物资。1947年3月初，由于叛徒出卖，卢志英被国民党中统特务秘密逮捕，这也是卢志英第三

图① 1934 年，卢志英与妻子张育民在南昌的合影

图② 1945 年，卢志英与妻子张育民、儿子卢大容的合影

图③ 卢志英被捕后，特务到他家中搜查，撕破了这件上衣的背缝，企图从中查找中共文件

次被捕。

在狱中，敌人对他动用"老虎凳""火烙""绞头""电椅"等酷刑，以及几天几夜不准休息的"精神刑罚"，但他毫不动摇、坚贞不屈。1947年秋，卢志英被押解至南京，又遭遇敌人多次用刑，但他始终保持了共产党人的凛然正气和高风亮节，决不屈服。他对一起被囚的难友，特别是青年同志，总是给予热情鼓励，希望他们抓紧时间学习。他还阅读《史记》，学习外语，并经常写诗鼓励难友。他写成的《狱中诗》[1]说：

其一

不期被难又同室，倾吐衷肠两相知；

闻君伉俪已就义，常使肝胆照青史。

其二

铁镣嘟当恨倍添，狱卒狰狞肆凶残；

伤心最是囚婴泣，凄凄切切震心弦。

其三

一统江山扰攘遍，满朝文武裙带连；

鉴呈恳请辞旧岁，等因奉此过新年。

其四

马依者狄克，奥斯威辛。

消灭不了欧州［洲］人民反抗的心；

柏林和罗马的两位暴君，

终于在人民面前粉骨而碎身。

---

① 雨花台烈士陵园管理局编：《雨花英烈诗词》，南京出版社，2017年，第133—134页。

> 中国的残暴者及其一群，
>
> 虽然凶暴了二十年，
>
> 你的末日即将来临；
>
> 纵然是帝国主义者全力支助，
>
> 也挽救不了你们的失败命运！

1948年12月，卢志英在雨花台英勇就义。卢志英以其精忠坚毅的品格、智勇超群的才华，谱写了革命气节重如山的英雄篇章。

2. 誓为革命弃小我

"革命不怕死，杀头、枪毙随它便，反正'死而后已'！"[1] 这是姜辉麟在抛家弃子干革命时对他人的问题"如果不幸被捕，则如何？"的至诚回答。

姜辉麟抛家弃子来参加革命时已经是4个孩子的母亲。姜辉麟出身于贫苦塾师家庭，9岁丧父，全家生活依赖母亲行医艰苦维持。在此环境下，姜辉麟养成了刻苦耐劳、富有正义感的性格，立志要上学读书。她对妇女缠足的习俗极为反对，率先加入"提倡天足会"。每读秋瑾遗诗，常为之流泪、沉思、向往。五四运动爆发后，在新思想的熏陶下，她向往新生活，在姐姐兆麟和弟弟长林的帮助下，挣脱封建家庭束缚，到景贤女校分校任教。1927年四一二反革命政变后，姜辉麟在一片白色恐怖中加入中国共产党，全身心地投入革命。参加革命后，为了天下的妇女能够摆脱封建礼教的束缚，她抛家弃子在所不惜。

---

[1] 上海市松江县地方史志编纂委员会编著：《松江县志》，上海人民出版社，1991年，第1051页。

1929 年，姜辉麟奉命调到上海搞妇运工作，并在虹口岳州路立中里创办立中小学，作为党的联络点，亲自任校长兼教员，以合法身份开展活动。她白天教书，晚上还办"女工补习班"，向女工宣讲革命思想。1932 年，她奉命调到南京，担任中共江苏省委交通员，并搞妇运工作。同年冬，在回上海时被国民党当局逮捕。在狱中，她饱受酷刑，但坚贞不屈，于同年年底被杀害。姜辉麟以生命践行了自己舍弃小家为大家的夙愿，表现了崇高的革命气节。

3. 永葆革命贞节

"你要永葆革命的贞节啊！"这是毛泽东在湖南长沙为雨花英烈何宝珍改名时对她说的话。何宝珍也确实没有辜负毛泽东的期望，用自己年轻的生命谱写了一曲"永葆革命的贞节"之歌。

在何宝珍的一生中，她深受中国共产党最杰出的代表、后来成长为中共伟大领袖毛泽东的影响。经毛泽东介绍，何宝珍认识了刘少奇，后结为革命伴侣。在艰苦的白色恐怖笼罩的岁月里，何宝珍随刘少奇为革命多方奔走，四海为家，给予刘少奇默默的支持和帮助。刘少奇曾深情地回忆："她和我一道参加过长沙、上海、广州、武汉、天津、满洲等地党的、工会的、妇女群众的许多工作。"[①]

1933 年，何宝珍在上海任中国革命互济会营救部部部长。同年在上海营救被捕同志时被捕入狱，被关在南京老虎桥这座国民党的"模范监狱"里。在狱中，她与帅孟奇、钱瑛等共同领导了一次又一次惊心动魄的监狱斗争。在阴森恐怖的铁窗里，由于身份暴露，何宝珍遭

---

① 陈艳：《"永葆革命贞节"——浅析杰出党员何宝珍的革命精神》，《湘潮（下半月）》2016 年第 4 期。

何宝珍与母亲的合影

1923年，何宝珍到安源路矿工人俱乐部子弟学校任教员兼工人俱乐部书报科委员。4月，何宝珍与刘少奇结为革命伴侣。图为该校教职员合影，何宝珍（二排坐者右三）、刘少奇（三排立者右二）

何宝珍曾用这些蘸水笔抄写过许多党的文件和传单

受了敌人的酷刑和逼供，她拒不回答。无计可施的敌人最后对她说："是死是活，两条路由你选。要活命就老实招来，顽抗死路一条！"何宝珍冷笑回道："要口供，没有！要命，请吧！革命者是杀不尽的！"丧心病狂的敌人用刑越来越残忍，用烧红的烙铁烫她的大腿，用尖利的竹针往指甲缝里插，把何宝珍折磨得死去活来。由于她在受刑的过程中，咬紧牙根，抵住撕心裂肺的疼痛，舌头、嘴唇都咬破了，满口鲜血。这种身陷囹圄却铁骨铮铮的精神将一名共产党员的革命气节展现得淋漓尽致。帅孟奇后来在《一件永远不会忘记的事》一文中，称赞何宝珍"是一个模范党员……具备了共产党员优秀高贵的品质，对党一贯忠实，为党牺牲了个人的一切利益。……平日她热爱她的孩子们，当被捕之后，却忘记一切。她常说，共产党员为人类解放事业而牺牲是光荣的"。①

二、生死关头不畏缩

革命每到关键时刻，对于革命者又多会是生死关头。生死关头可以不后退，能够毅然决然前行，是雨花英烈们事迹里普遍都有的经历。实际上，面对生与死考验时，是忠于革命的心，让他们能够奋斗到底。

1. 黄埔一期生的反戈一击

顾浚烈士是雨花英烈中的一名黄埔军校第一期毕业生。1895 年生于四川宣汉县。1924 年回国进黄埔军校第一期学习，在校期间加入中国共产党。

北伐战争时期，顾浚担任了国民革命军总司令部宪兵团少校营长，曾驻扎于南昌。1927 年 3 月，蒋介石的反动面目逐步暴露，杀害了江西省总工会副委员长、赣州总工会委员长陈赞贤，积极策划反革命政变。反动派密令宪兵团代理团长关麟征率部离开南昌，执行反革命阴谋。在"军令"下达的关键时刻，顾浚若是有犹豫、畏缩的心理，这支部队将成为蒋介石的又一支反革命"打手"。

当此危急关头，身为共产党员的顾浚冒了生命危险与反动派"硬碰硬"。1927 年 4 月 2 日，作为黄埔一期毕业生的顾浚，向他的"校

---

① 陈艳：《"永葆革命贞节"——浅析杰出党员何宝珍的革命精神》，《湘潮（下半月）》2016 年第 4 期。

长""总司令"蒋介石发起了反戈一击。他率领官兵扣押蒋介石的亲信关麟征,宣布部队加入了革命一方阵营。当时,他发出了通电,宣布:"总司令部宪兵团本系国民革命军之一部份,决非某个人之爪牙……本团官佐士兵,深受主义陶溶①,不甘欺骗,誓死不肯逐鸡随狗……"②共青团江西省委机关刊物《红灯》,对此次"反戈一击"曾经以《不肯"逐鸡随狗"的革命军》为题,发表文章称赞道:"这是国民革命军最光荣的事情,在这里我们应该向总司令部宪兵团的官佐士兵们致一个革命的敬礼。"③

顾浚旋即把部队和武器都交给朱德等人,为不久以后的八一南昌起义做出了贡献。1927年夏季,顾浚到南京从事地下活动时不幸被捕,其后被蒋介石亲自下令杀害。

2. 始终只回答三个字"不知道!"

谭籍安,1906年出生于湖北宜城。1921年,谭籍安15岁时考入位于武昌琴园甲级农校,受到湖北早期共产党人董必武、恽代英、萧楚女等人的影响,思想渐渐进步。1926年夏,他从农校毕业回到宜城后,积极投身革命事业。1927年,他加入了中国共产党。

1929年,谭籍安经董必武介绍,前往国民党统治中心南京从事地下工作。1930年,谭籍安任中共南京市委委员兼市委秘书。同年8月,他从事地下斗争时不幸被捕。被捕后,敌人使尽一切手段,企图迫使谭籍安供出南京地下党组织情况。但他视死如归,始终只回答三个字

---

① 淘溶,意即熏陶。
② 《不肯"逐鸡随狗"的革命军》,《红灯》1927年第9期。
③ 《不肯"逐鸡随狗"的革命军》,《红灯》1927年第9期。

"不知道！"[①] 三个字其实充满了对敌人的鄙视和大义凛然的英雄气概。

1930 年 8 月 18 日，谭籍安和难友们被"绑入黄包车"押送到雨花台时，南京本地报纸的报道里也被迫承认他和战友们"上绑时，高唱第三国际歌，大呼反动口号。神色自若、毫无惧形"，临刑时，每个人"引颈而待，无畏缩之状"。[②] 8 月 22 日，中共江苏省委发布《告工农士兵劳苦群众革命青年书》，记述："他们英勇牺牲的共产主义者的伟大精神，不仅感动了人山人海的观众，而且吓破了国民党军阀官僚的狗胆！"[③]

谭籍安（1906—1930）

3. 赶最后一班船到南京

雨花英烈程履绎 1922 年生于湖北省应城。1943 年入读国立中央大学。

读大学期间，程履绎阅读了《毛泽东自传》等进步书籍，进一步接受了进步思想。他还给自己的弟弟送上人生第一本马列主义书籍。他回家乡时，与亲戚里的一些年轻人讨论时局和前途问题，告诉大家

---

① 中共襄樊市委党史资料征编办公室：《中共襄樊党史人物传》（第一集），1985 年，第 259 页。

② 《中央日报》1930 年 8 月 19 日第 3 版，转引自安徽省民政厅主编：《江淮英烈》（第二辑），安徽人民出版社，1982 年，第 85 页。

③ 中央档案馆等编：《江苏革命历史文件汇集（1930 年 4 月—12 月）》，1985 年，第 355 页。

各类革命道理，让大家理解共产党和国民党的不一样，说共产党是为人民服务的。到最后，他会大声告诉大家："要想参加国民党，还不如参加共产党。"①

程履绎（1922—1949）

1948年底，程履绎因病回家乡湖北省休养。1949年3月，他了解到国民党制造"假和平"阴谋，并且企图将中央大学劫持往南方以后，决定返校参加学生运动。

此时，他大学里的学分仅剩几分即可修满，但是，中央大学因为时局实际上已经停课，如果是为了修满学分，返校对于毕业并无意义。他没有考虑个人利益，也没有考虑国民党镇压学生运动可能会下毒手。在危急关头，毅然在武汉和南京水路停航以前，赶最后一班轮渡返回南京。随后，他参加了护校和呼吁"真和平"的"四一"②学生运动。1949年4月1日，程履绎和同学们在南京总统府门前请愿时，突遭国民党反动军警毒打，程履绎为掩护女同学而被打成重伤，于次日牺牲于南京鼓楼医院。

---

① 党史工作人员对程履绎烈士胞妹程凭余老人的访问记录，2017年4月26日。
② 1949年4月1日，南京11个专科以上学校的学生6000多人游行示威，要求国民党政府接受中共的八项和平条件。国民党当局指使军警特务对示威群众大打出手，造成死3人、伤200多人的"四一"惨案。

第五章 雨花英烈精神之三：为民牺牲的大无畏精神

"牺牲精神"是指为实现一定的理想和目标，甘愿牺牲个人利益、小团体利益甚至献出自己生命的一种精神。一个坚定的共产党员的精神世界中，为了人民而不畏牺牲是必不可少的内涵，在人民利益面前，怕失去、怕吃亏、怕牺牲是不可能为党和人民的事业冲锋陷阵，也不可能做到忠贞不渝、革命到底、战斗到底的。

雨花台成千上万革命先烈，有着不同的籍贯，不同的年龄，不同的性别，不同的身份，但他们有一个共同的名字——为民牺牲的大无畏者。他们胸怀天下苍生，不惜牺牲生命；为人民的幸福而忠实努力，不怕流血牺牲，以最多数人之最大幸福为人生的最终目的；宁愿被捕入狱也要为一般民众解决不能解决的问题，且立志铲除社会上一切不平等；面对死亡威胁也绝不放下为贫苦人民奋斗的责任，坚持为被践踏的人类谋幸福；为人民更好的生而死，为国民而生、为国民而死；始终要为人民大众的利益奋斗，担负起人民一份子的历史使命。他们的一系列追求全面展现出为民牺牲的大无畏精神。他们中的每一个人，都为振兴中华、造福人民流尽了最后一滴血。

在公与私、国与家、人民与小我、生与死等一系列人生最严酷的抉择面前，牺牲在雨花台的每一位革命烈士都交出了令人信服的答卷。他们中有许多人少小离家，颠沛流离，最终血洒他乡土地；有许多人劳燕分飞，天各一方，聚少离多终成永诀；有许多人老幼失养，连累家庭，从未尝到天伦之乐，甘心情愿为民牺牲一切。革命者和普通人一样，都有七情六欲，他们也珍爱人生，热爱生活，渴望爱情的甜美、家庭的幸福、亲人的团聚。但是，在民族危亡之际，他们把对国家、民族和人民的大爱，置于身家之上，以小家成全大家，以牺牲追求理想，用青春、热血和生命，展现出一代先进分子砸烂旧世界建设人民当家作主新世界的勇为和担当。

第一节 忠于人民 视死如归

"一个人不怕短命而死，只怕死得不是时候，不是地方。中国人很重视死，有重于泰山，有轻于鸿毛。为了个人升官发财而活，那是苟且偷生的活，也可叫做虽生犹死，真比鸿毛还轻。一个人能为了最多数中国民众的利益，为了勤劳大众的利益而死，这是虽死犹生，比泰山还重。人生只有一生一死，要死得有意义，死得有价值。"[1] 这虽是中国共产党早期著名工人运动领袖邓中夏在狱中写下的遗言，但却是雨花英烈和许多革命后继者身上的共同特质。正如毛泽东所说："以中国最广大人民的最大利益为出发点的中国共产党人，相信自己的事业是完全合乎正义的，不惜牺牲自己个人的一切，随时准备拿出自己

---

[1] 南京雨花台烈士陵园管理处史料室编：《雨花台革命烈士故事》，江苏人民出版社，1983年，第97页。

的生命去殉我们的事业……"①雨花英烈中除邓中夏外，还有谭寿林、侯绍裘、何宝珍等等，都是其中的典型代表。尽管他们都英年早逝，壮志未酬，但他们为民幸福，"不惜牺牲自己个人的一切"的虽死犹生的精神，却一直激励着无数后继者继续前行，也一直在检验着谁才是真正的共产党员。

一、为劳苦大众利益而死虽死犹生

1. 为民众利益殚精竭力，舍生取义

农民歌②

农民吃苦最可怜！

炎天复冷天，

穷愁不计年。

被地主和豪绅，

吃尽血与汗。

尤恨恶政府，

赋税与苛捐。

穷得没饭吃，

破衣没有穿，

备尝剥削，

受尽摧残，

提起心痛酸！

---

① 《毛泽东选集》（第三卷），人民出版社，1991年，第1096—1097页。
② 雨花台烈士陵园管理局编：《雨花英烈诗词》，南京出版社，2017年，第45页。

革命已高潮，

抓紧好时机，

同胞快起来，

努力着先鞭。

决牺牲于革命，

心如铁石坚。

革命成功，

大家携手走向安乐园。

这首诗是谭寿林于 1927 年回乡时所写，他以饱满的热情，反映农民的艰辛，揭示黑暗的现实，以启发农民的革命觉悟。他后来还写过《工人歌》《土地革命山歌》和《少年先锋队歌》，都是为了唤起工、农，组织民众，为了共同的事业而奋起斗争。

谭寿林于 1896 年生于广西省贵县三塘乡谭岭村一个农民家庭。7 岁开始读书，1917 年考入贵县中学，读书用功，成绩优异。他才思敏捷，写的文章流畅爽利，经常被老师拿来"贴堂"，作为范文。谭寿林生前写的题为《丈夫当以功济四海论》的文章，也可看到他一生以民为重的精神。全文如下：

今日之中国，正当多事之秋也。外有强邻之逼，内有剧寇之萌，使无人支拄其间，吾恐难保无陆沉之祸也。然而一国之大，人民之众，岂竟无一人焉，具经天纬地之才，抱旋乾转坤之志，出而拨乱反治于其间乎。昔马燧有言曰：天下有事，丈夫当以功济四海。壮哉斯言！夫吾国人民，号称四百兆，岂四百兆中，皆妇人女子，而无堂堂七尺之丈夫乎。既以丈夫自任，则当多事之秋，即宜毅然出而任事，勿畏难，勿偷安，勿事徘徊，勿相推诿，热诚以保国家。苟人人若是，则虽多事之秋，必转而为治平之世；虽强邻之逼，必变而为协约之邦。剧寇之萌，必自潜踪而灭影，又岂有陆沉之祸乎。所患者，有丈夫之名，无丈夫之气，而于此泄泄，于彼沓沓，置安危存亡于不顾，此则无可挽回者也。吾同胞乎，吾同胞乎，其有心于国事否乎，其亦三复马燧之言可耳。①

1926年，谭寿林等人领导梧州人民举行声势浩大的援助省港罢工周活动，掀起了声援省港大罢工的高潮。在这次活动的最后，谭寿林发表了演说，发布提案：罢工工友应负起国民革命先锋队之使命，强固组织，奋斗到底；全国革命民众应一致拥护复工条件及予以充分之援助，以鼓励国民革命的先锋队，巩固革命战线；国民政府对于省港罢工工友，应善为爱护，以鼓励其革命勇气。②提案一经宣布，群众热烈高呼，表示赞同。

生活中的谭寿林省吃俭用，将自己的生活费定为每月不得超过3元，将节省下来的生活费，用来帮助困难的同志。谭寿林家中的生活其实十分困难，父亲年老体弱，谭寿林因工作特殊，无法给予其相应的照顾。对此，谭寿林内心十分愧疚，但还是在给父亲的信中表明了自己为民服务的革命理想，即为了大多数人民的幸福，不可计较个人和家庭的得失。1931年4月，因在全国总工会秘书处从事技术工作的黄大霖叛变，供出了谭寿林的住处，谭寿林不幸被捕。在狱中，敌人对他施以老虎凳、反上吊等各种酷刑，他宁死不屈，没有泄露任何

---

① 雨花台烈士陵园管理局编：《雨花英烈文集》，南京出版社，2016年，第73—74页。
② 《中国工会运动史料全书》总编辑委员会、《中国工会运动史料全书》广西卷编委会编：《中国工会运动史料全书·广西卷》，广西人民出版社，1999年，第29—30页。

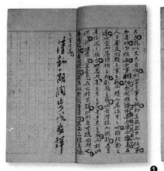

图①② 谭寿林在广西贵县中学读书时写的作文
图③ 1929 年，谭寿林以谭勉予为笔名发表的长篇小说《俘虏的生还》

机密，5 月牺牲于南京雨花台。

1962 年，谭寿林所著《俘虏的生还》一书再版，他的夫人——曾任监察部部长、中共中央监察委员会副书记等职的钱瑛触书生情，写下《再读〈俘虏的生还〉》一诗，诗曰：

> 生还何处寄萍踪，骤雨狂风肆逞凶。
>
> 几度铁窗坚壮志，千番苦战表精忠。
>
> 丹心贯日情如海，碧血雨花气若虹。
>
> 三十一年生死别，遗篇再读忆初逢。[1]

时任国家副主席和中共中央监察委员会书记的董必武也写了一首诗：

> 热情如火吼如雷，俘虏生还气不颓。

---

[1] 区鸿泽采辑：《谭寿林烈士遗著〈俘虏的生还〉再版经过》，载中国人民政治协商会议贵港市委员会文史资料研究委员会编：《贵港市文史资料》（第十三辑），1989 年，第 22 页。

恨病折磨难杀敌，回家探问亦招灾。

穗城喋血乌云堕，沪渎逢春旧雨来。

两卷遗篇容我读，怅然怀念惜英才。①

2.“死是为人民更好的生”

“革命不可能没有牺牲，死是为了人民更好的生，共产党员为革命而死是光荣的。”② 这是雨花英烈石俊在临刑前对难友说的话，准确表达了一个共产党员参加革命的目的及其与人民利益之间的关系。石俊于 1907 年出生在江苏如皋。1927 年加入中国共产党。1928 年 2 月考入南京晓庄师范学校。1929 年任中共晓师支部书记。在校期间，在陶行知主编的《乡教丛讯》上发表过科普文章，1930 年 7 月在夫

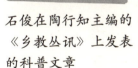

石俊在陶行知主编的《乡教丛讯》上发表的科普文章

为保护学校和附近农村的安全，晓庄师范于 1928 年成立联村自卫团，石俊（左三）为该团负责人之一

---

① 区鸿泽采辑：《谭寿林烈士遗著＜俘虏的生还＞再版经过》，载中国人民政治协商会议贵港市委员会文史资料研究委员会编：《贵港市文史资料》（第十三辑），1989 年，第 22 页。

② 中共南京市委党史资料征集编研委员会办公室、南京雨花台烈士陵园管理处编：《南京英烈》（第 1 辑），南京工学院出版社，1987 年，第 214 页。

子庙组织集会示威时被捕，9 月牺牲，是南京晓庄十烈士之一。

3. 生为大众，死为大众

"昔奔革命，今奔革命，中国共产党功绩伟大。生为大众，死为大众，苏南邓主任精神不死。"[1] 这是革命同志们写给雨花英烈邓振询的挽联，也是邓振询烈士一生的真实写照。

1904 年 8 月，邓振询出生于江西省兴国县塘石乡一个贫苦农民家里，但自小聪明好学，力求上进。1926 年参加革命活动。1928 年加入中国共产主义青年团。1929 年加入中国共产党。1934 年 1 月，在瑞金举行的第二次全国苏维埃代表大会上，邓振询当选为中华苏维埃共和国中央执行委员兼劳动人民委员。他任劳任怨、勤勤恳恳，日夜为工农阶级的解放事业努力工作，甚至连儿子生重病，他都没有赶回家，始终奋战在工作岗位上，体现了革命者一心为民的精神。

抗日战争全面爆发后，邓振询积极投入到恢复和发展党的地方组织工作中，并协助各地党组织建立各种抗日团体，向群众宣传党的抗日民族统一战线政策。在苏南，他积极协助陈毅等人开展工作，坚决贯彻党中央的各项方针，把苏南建成新四军挺进苏北的桥梁，成为插进敌人心脏的一把尖刀。1943 年 8 月，邓振询随第 18 旅 46 团转移到横山地区活动，在经过南京禄口附近的秦淮河边高桥时，遇上从溧水前来"清乡"的日伪军，面对快速逼近的敌人，邓振询不顾个人安危，亲自指挥部队过河，待大部队安全转移后，才与其他同志一起过河。但令人心痛的是，邓振询不幸落水身亡，年仅 39 岁。

---

① 中共南京市委党史资料征集编研委员会办公室、南京雨花台烈士陵园管理处编：《南京英烈》（第 2 辑），1989 年，第 135 页。

1941 年，邓振询与妻子李坚贞的合影

邓振询夫妇与战友的合影，邓振询（右二）、李坚贞（右一）

二、为民幸福宁坐牢

1. 本着对无产阶级劳动人民深厚的感情，在狱中宁死不屈

"你们整整关了我四年……我凭了真理，凭了对人民的忠贞，凭了党给我的教育，我将你们费了不少狗气力想出来的一切阴谋诡计打

得粉碎，可见我是胜利了！……你们一定会被消灭，中国人民的革命一定要胜利！"[①] 这是革命女英烈郭纲琳在雨花台临刑前说的话。

1910 年 2 月 11 日，郭纲琳出生在江苏句容一个封建大家庭里，家庭生活条件优越，自幼受到良好的教育。1926 年 9 月，她成为句容创办的县立初级中学第一批学生。在学校，她阅读《新青年》《新潮》等进步书刊，出演文明戏，迎接北伐军。大革命使她懂得了反帝反封建的道理，萌发了革命思想。大革命失败后，为寻找出路，求得新知，郭纲琳毅然离开句容县中。1928 年，她考入南京鼓楼五卅公学就读。在南京，蒋介石政权统治下出现的各种社会黑暗，更激起她的义愤。

1931 年秋，郭纲琳进入上海中国公学大学部。不久，震惊中外的九一八事变发生，上海工人罢工，学生罢课，抗日救亡运动掀起热潮。在同宿舍的地下共产党员、共青团员的带领和帮助下，她积极参与组织中国公学学生抗日救国会，先后三次参加上海学生赴南京请愿示威，要求国民政府出兵抗日。在示威游行队伍中，郭纲琳挺着胸膛，毫无畏惧地走在队伍的最前列，并赤手空拳同军警搏斗。同年底，郭纲琳加入中国共产党，开始了人生新的征程。

她先后在淞沪抗战的炮火中，带着同学昼夜奔忙，支援前线；在穷苦工人中，深入交谈，启发觉悟，建立组织。面对险恶的革命环境，郭纲琳毫无畏惧，勇于接受任务，积极投入战斗。不幸的是，1934 年 1 月 12 日傍晚，因叛徒出卖，郭纲琳被捕。

被捕后，郭纲琳面对审讯，沉着、坚定。当天《大美晚报》的报道中，

[①] 中华人民共和国民政部编：《中华著名烈士》（第十七卷），中央文献出版社，2002 年，第 464 页。

说她"态度之从容，为从来犯人中所罕见，面容冷酷，时摇头发平静之冷语。……站立被告席中无半点忧色"。当法官指责她犯了"危害民国""破坏睦邻"罪时，她从容不迫，反诘道："谁丢了东北三千万同胞，谁丧失了东北三省土地，谁便是危害了民国。你们说这是我，还是你们国民党？谁侵犯了邻国的土地，谁抢劫了邻国的财产，谁奸淫了邻国的妇女，谁便是破坏了睦邻。你们说是我，还是日本帝国主义？"①这一连串义正辞严的责问，使法官们目瞪口呆，审判现场观众鸦雀无声。一外国记者报道说："郭英——这位青年的女孩子的眼睛里有一种威严不可侵犯的光芒，比古代皇后还富于权力。那种光芒射向法官，法官失色；射向国民党那位可怜的官员，那位官员低头。结果弄得不是法庭在审讯犯人，好似犯人在裁判法庭。"②

不久，郭纲琳被押至国民党南京宪兵司令部看守所。她不畏酷刑折磨，严拒利诱软化，以视死如归的大无畏精神，鼓舞难友的意志。面对敌人的劝降，她说道："革命者的青春才是美好的，我早已将自己的青春献给了伟大的祖国。……我并未希望人们记起我，说起我；我只希望他们朝着自由幸福的道路前进！朝着祖国独立的道路前进！朝着人类彻底翻身解放的道路前进！我相信马克思主义一定会胜利。"③敌人对她严刑拷打，妄图使她屈服。她用言语愤恨地回击："你

---

① 应尔玉等：《郭纲琳》，载中共江苏省委党史工作委员会、江苏省档案局编：《江苏党史资料》1985 年第 1 辑（总第十四辑），第 242 页。

② 应尔玉等：《郭纲琳》，载中共江苏省委党史工作委员会、江苏省档案局编：《江苏党史资料》1985 年第 1 辑（总第十四辑），第 242 页。

③ 张重光、忻才良：《为有牺牲多壮志——雨花台革命烈士故事》，上海人民出版社，1977 年，第 94 页。

郭纲琳（右）与堂姐的合影

《大美晚报》关于郭纲琳在法庭上的报道

郭纲琳在狱中用铜元磨制的"铜心"和"铜鸡心"，铜心的正反面分别刻有"健""美"二字，铜鸡心上刻有"永是勇士"字样

们打我干什么？何必这么凶，有本事，打日本鬼子去！"① 敌人用竹管套在她嘴上，可她仍艰难地高唱："同志们奋斗，革命的路，是一块块血肉拼筑起来……曙光在前头，冲上前去……"郭纲琳英勇斗争、宁死不屈的精神，为难友们所深深敬佩。从她在狱中回复自己大哥的信中，也不难看到她为民虽九死而不悔的忠贞情怀，她写道："我不

---

① 中共南京市委党史资料征集编研委员会办公室、南京雨花台烈士陵园管理处编：《南京英烈》（第1辑），南京工学院出版社，1987年，第361页。

能屈伏在一个无罪而加上有罪的名义下来遵从你。"[1] 帅孟奇回忆说："她的英勇气概鼓舞了很多人，起了很大作用，使有些动摇的人坚定下来了。"

2. 为将来人民的美满生活不惧陷铁窗炼狱

"十年寒窗易铁窗，年争日斗履冰霜。监牢饮马长江水，禁遏英雄逞豪光。"[2] 这是雨花英烈杨振铎在铁窗中斗争时留下的诗句，不仅体现了杨振铎为美好的明天奋斗不止的决心，也召唤着一代代青年奋勇向前，去开创美好的明天。

1905年，杨振铎出生于山西省芮城县杨沟村一个富裕农民家庭，自幼聪颖好学，胆识过人。1921年，杨振铎考入山西省立第一中学，在校期间，他刻苦用功，先后学习了英、日、俄三门外语。学习之余，他还关心国家大事，关注社会现实。面对阎锡山统治下山西人民所遭受的压迫和痛苦，他开始为将来人们的美满生活探索道路。1925年，杨振铎加入中国共产党，走上了党领导的反帝反封建的革命道路。他积极参加领导学生反帝爱国斗争。在为工人、学生募捐时，他带头典当自己的被褥，换钱捐款。

1927年四一二反革命政变后，严重的白色恐怖笼罩着上海，杨振铎不避艰险，开始转入城市地下斗争。不幸的是，4月17日，杨振铎被以"C.Y.（共青团）捣乱分子嫌疑"的罪名逮捕，在审讯中他被施以酷刑，并被判处10年有期徒刑。在狱中，他对劝其"改过"的亲友回信说："我之奔走，正是为父老兄弟诸姐妹们，我有坚定不

---

① 雨花台烈士陵园管理局编：《雨花英烈家书》，南京出版社，2016年，第112页。
② 雨花台烈士陵园管理局编：《雨花英烈诗词》，南京出版社，2017年，第90页。

移之意志，百折不回之精神，生死在所不计。"充分体现了革命者愿意为民牺牲一切的高尚精神。

最后，杨振铎被宣判无罪，于1929年11月19日出狱。出狱后，杨振铎又立即投入新的战斗。1930年，因杨振铎领导的行委系统多次在上海闹市区组织"飞行集会"、发动游行示威，暴露了自己的力量，引起了敌人高度关注。敌人立即实施抓捕，杨振铎再次被捕入狱，被以"执行反革命重要职务"的罪名处有期徒刑9年零11个月。在狱中，他常以自己被监禁的经历鼓舞难友坚持斗争。10月30日，杨振铎等200多名政治犯被转押至南京国民党中央军人监狱。

在狱中，杨振铎为了出狱后继续人民的事业，抓紧学习理论和外语，主张共产党员不要脱离群众、脱离斗争，他在监狱印刷厂做苦

杨振铎
（1905—1933）

国民党江苏高等法院宣判杨振铎无罪的判决书

役期间，团结了一批青年知识分子难友。他还联系同被转押南京的张炽及同时被捕的陈开等人，秘密组建监狱党支部，领导狱中斗争，并与狱外的互济会取得联系。他利用敌人要政治犯接受"三民主义思想教育"之机，上台讲述《中国土地问题》，用马克思主义的观点阐明土地问题是中国革命的根本问题，土地应归大多数农民所有，鼓舞难友们明确革命方向。1933 年 4 月，由于叛徒出卖，杨振铎身份暴露，很快结束了三年的牢狱斗争，走向了刑场，将青春热血抛洒在了雨花台。但他那颗为民甘愿牺牲之心和在牢房中斗争不息的精神将永为后人传扬。

三、为民奋斗不惧死亡威胁

1. 不畏险阻寻找党

朱如红，又名丁生，曾化名为鼎生。1907 年 8 月生于江西省赣县大埠乡里南村一个较为富裕的农民家庭。15 岁那年，他考入了赣州的江西省立第二师范学校。读书期间他对于社会黑暗、民不聊生的现实有了更进一步认识。通过阅读进步书刊，朱如红的思想渐渐进步，决心寻找一条解救劳苦大众的道路。

1926 年秋，北伐军攻克赣州，朱如红欢欣鼓舞，计划投身革命事业。不久，他加入了曾任赣州总工会委员长的共产党员陈赞贤组织的"赣州青年干社"（实际上是共青团外围组织）。1927 年，他加入了中国共产党，从此一步步走上了革命道路。

1927 年四一二反革命政变后不久，朱如红被党组织派回家乡从事发动农民的工作，担任赣县南区书记长并负责里南村一带的宣传事务。他动员广大贫苦农民抗租抗债、打土豪、筹款子，很快在家乡发动起声势浩大的农民运动，为此后迅速组建农民武装创造了条件。当时，对群众公开宣传"打倒土豪劣绅、打倒封建霸头、打倒封建主义、打倒帝国主义"等口号。对内则布置军事准备工作，对农户进行串联，发展农协会员。

1928年2月18日，朱如红参与领导了著名的赣县大埠暴动。这次震撼了整个赣南地区的武装暴动坚持了一个多月后，被敌人出动军队进行围攻而失败。暴动失利后，敌人的白色恐怖愈发残酷，危急关头朱如红没有退缩。他先和一些同志到赣州寻找党组织，但因组织已被破坏而未能实现计划。不久，朱如红又和一部分同志前往井冈山寻找红军。可是，国民党反动军队当时正在围攻井冈山，他又未能进山。为了找到党组织继续参加革命，朱如红和战友们又到吉安找过赣西南特委，到南昌找过江西省委，都因为地下机关已经被敌人破坏而未能和党组织取得联络。反复寻找党组织未果，朱如红仍没有气馁，他和几名战友辗转到南京，计划继续寻找党组织。他到南京后，不幸被敌人发现而被捕。狱中，朱如红虽经严刑拷打而未吐露任何党的机密。1928年8月30日，他就义之前对难友们说："你们不要灰心，你们要继续努力工作，完成我们的使命。"①

2."工农起来坐天下，打倒土豪得太平"

周不论，原名周正林，1903年生于湖南醴陵。他出生在一个地主家庭，并且是这个家庭里的独生子。但他放弃了优越家庭条件，义无反顾参加了革命。1922年，他在长沙修业中学读书时加入了中国共产党，开始了革命的征程。

---

① 罗贵波：《革命回忆录》，中国档案出版社，1997年，第31页。

1924 年，他从中学毕业后回到家乡，在当地党组织的领导下，从事党组织的发展工作，宣传和动员民众相信共产党，加入党组织，为人民谋幸福。当时国内处于军阀统治之下，百姓民不聊生。周不论决定走上从武的道路，拿起枪杆子，打倒军阀。1925 年，他考入广州黄埔军校第五期。1926 年秋，他随北伐军作战，到达武汉，又被派到黄埔军校武汉分校继续学习。结业后，分配在国民革命军第四军第十二师任排长，开赴九江作战。1927 年四一二反革命政变后，革命进入低潮。但是，周不论仍继续奋起投身革命事业。党组织随后派他回湖南工作，任湖南省委湘东特派员，到他的家乡醴陵继续从事革命斗争。

回到醴陵的周不论担任了县委委员兼南四区区委书记。他迅速和劳苦大众打成了一片，为了和乡亲们更亲近,他说对于他的称呼"不论叫什么都可以"。于是姓名成了"周不论"。在极端困难的环境中，他一面恢复被破坏了的党组织，一面加紧执行有关秋收起义的计划。他与西一区区委书记罗启厚共同商定召开紧急会议，拟定农村暴动的行动方案，组织实施农民起义。面对即将到来的革命风暴，他写出诗句"工农起来坐天下，打倒土豪得太平"[1]，并且憧憬诗句里的理想可以实现。1927 年 9 月 11 日晚上，醴陵全县火把通明，人头攒动，酝酿已久的暴动开始了。周不论和南四区区委委员陈竟先、唐革非等人全副武装，分头率领队伍进行暴动。为了更好地开展武装斗争，周不论随后又在南四区、西一区边界的栗山坝组建了游击营（后改为工农

---

① 中华人民共和国民政部编：《中华著名烈士》（第七卷），中央文献出版社，2001 年，第 411 页。

革命军第一团），在各乡建立递步哨，在山卡和交通要道设置防御工事和哨棚，严密监视敌人的动向。他根据敌强我弱的情况，提出"小来小打，大来分开，人少吃掉，人多赶跑"①的策略，灵活机动地运用游击队打夜战、打伏击战的优势歼灭了敌人。进行武装斗争的同时，周不论又在为建立属于老百姓自己的政权奔波。在他的努力下，贺家桥、水口山、大障、边江铺等地先后建立了13个乡苏维埃政府。1928年1月30日，醴陵南四区苏维埃政府成立，周不论当选为主席。在苏维埃政府的领导下，当地农民分得了土地。得到土地的农民，愈来愈相信共产党，愈来愈愿意跟着共产党走。他们抓紧生产，积极参加维护治安，破除陋俗，严禁赌博、迷信和吸鸦片烟的群众运动，南四区迅速成为全县重要的红色根据地。

南四区的革命活动，震惊了国民党政府。1928年4月，当局调动两个师的兵力，加上"清乡队"和"挨户团"，穷凶极恶血洗南四区。许多党员、干部和革命农民惨遭杀害，周不论成了醴陵当局悬赏通缉的"要犯"。在群众们的掩护下，他离开醴陵，到南京继续从事地下斗争，不幸在南京落入敌手而被杀害。

第二节　心系苍生而置生死于不顾

"多少头颅多少血，续成民主自由诗"，是雨花英烈们心系苍生而置生死于不顾之精神的真实写照。在那个风云迭起、敌我较量、善

---

① 中华人民共和国民政部编：《中华著名烈士》（第七卷），中央文献出版社，2001年，第412页。

恶冲突、险情四布的年代，一大批英烈们为了天下苍生而不顾自身安危，抛头颅，洒热血，充满了为民牺牲的豪情壮志，写下了可歌可泣的历史篇章。

一、为民牺牲的万丈豪情

1. "一颗为民心，万古终不泯"

"一颗为民心，万古终不泯"是曾任新四军联络部部长的朱克靖于 1947 年 10 月被国民党保密局特务秘密杀害前，在狱中留下的诗句。

1895 年，朱克靖出生于湖南省醴陵县一个农民家庭。1919 年，朱克靖考入北京大学。这时的北大，经过五四运动的洗礼，已成为新文化、新思想的中心。朱克靖在这里经常与进步人士接触，积极参加学生运动和工人运动，并于 1922 年加入中国共产党。1923 年冬，朱克靖受中共北方区委选派，赴苏联莫斯科东方劳动者共产主义大学（简称东方大学）学习。1925 年 7 月，他回国后到广东革命根据地工作，于 1927 年参加了南昌起义，还曾任第九军党代表。他对新婚不久的妻子说："与我结婚，就不要希望当官太太，也不要指望发财享福，而要准备吃苦。"按照部队规定，他可以乘坐大轿，但他从来不用，而是始终与士兵同甘共苦。他还以军政治部名义，发出通告，要求全军将士"不拉夫、不赶牲口，买东西照价付款"。①

大革命失败后，朱克靖与党组织失去联系，但他一直没有放弃找党，在最困难的时候，他宁可靠种菜生活，也坚决不给国民党做官。

① 中共南京市委党史资料征集编研委员会办公室、南京雨花台烈士陵园管理处编：《南京英烈》（第 2 辑），1989 年，第 208 页。

1926 年底，朱克靖与北伐军部分政工人员在南昌的合影，朱克靖（前排左三）、郭沫若（前排左二）、李富春（前排左四）、李一氓（后排左二）、林伯渠（后排左三）

1939 年，朱克靖等人向视察皖南云岭新四军军部的周恩来汇报军部工作。这是周恩来与新四军领导人在云岭的合影，左起：陈毅、粟裕、傅秋涛、周恩来、朱克靖、叶挺

1940 年，朱克靖与南昌起义部分人员的合影，朱克靖（右九）、陈毅（右一）、粟裕（右四）、叶挺（右六）

全面抗战爆发后，朱克靖终于找到党组织，并参加了新四军。1947年10月，朱克靖在南京被国民党保密局特务秘密杀害，狱中留下了他的诗作，以示其志："此身早许国，被卖作楚囚。壮士非无泪，不为断头流！一颗为民心，万古终不泯。身心献党国，一死何足愁！"①

2. 为天下苍生时刻准备"大休息"

陕北籍革命烈士胡廷俊在皖南从事革命活动时被敌人逮捕，当得知自己行将被害时，对难友说："死有什么怕的？只求换得光明！正如瞿秋白同志临刑前对记者说的那样，睡觉是小'休息'，死是大'休息'。我们大家都要有'休息'的准备。"②

胡廷俊于1911年出生于陕西绥德县城一户平民家庭，父亲胡世青是绥德县有名的厨师，长年为资本家做工，收入微薄。胡廷俊自幼酷爱读书，深得父亲喜爱，他深知家境贫寒，上学不易，因此勤奋苦读，成绩突出。1927年，胡廷俊光荣地加入了中国共产主义青年团，自此，将自己的人生交给了共产主义事业。1928年，胡廷俊加入中国共产党。

1929年春，蒋桂战争爆发，高桂滋部编入国民革命军第五路方振武部，胡廷俊被分配到第三团五连任排长，成为该团地下党负责人之一，开展兵运工作。他们很快在士兵中秘密发展了一批党员，建立了地下党支部，胡廷俊任支部书记，在险恶的环境下，开展革命工作。1931年，胡廷俊作为晋西游击队的领导成员，为陕甘革命根据地和陕甘游击队早期创建工作做出了不可磨灭的贡献。

九一八事变后，根据抗日救亡的需要，胡廷俊负责宣传工作，组

---

① 雨花台烈士陵园管理局编：《雨花英烈诗词》，南京出版社，2017年，第117页。
② 《雨花英烈画传》编委会编：《雨花英烈画传3》，南京出版社，2015年，第126页。

织人员散发传单。1932 年 2 月，胡廷俊任中国工农红军陕甘游击队警卫队政委。1934 年，胡廷俊肩负福建和皖南地区的交通巡视工作，主要任务是从当时驻扎在福建省的第十九路军和绥靖公署内部获取军事机密，如蒋介石颁发的口令信号、符号、电报密码等，协助中央红军开展反"围剿"斗争。富有斗争经验的胡廷俊以出色工作受到中央军委周恩来、李克农等领导的赞赏和书面嘉奖。1935 年春，党组织派胡廷俊到皖南执行一项重大任务，由于叛徒出卖，他被捕入狱，押送至南京宪兵司令部。凶残的敌人用尽酷刑，但胡廷俊置生死于不顾，紧闭双唇，敌人没有得到任何线索。1935 年 8 月中旬的一天，胡廷俊为党和人民的事业流尽了最后一滴血。

3. 奋斗牺牲济天下

真正的革命者要有不畏牺牲的勇气和豪情，坚信自己所从事的是太阳底下最光辉的事业。雨花英烈杨峻德就是这方面的代表。他在经过五四运动的洗礼后，深受反帝反封建浪潮的感染，产生了以天下为己任，救民众于水火的决心和豪情。他有感于《尚书》中"克明峻德，以亲九族"之句，将自己的名字改为杨峻德，以表达追求道德真理、兼济天下的志向。

1926 年，杨峻德加入中国共产党，并任闽北第一个党组织——中共建瓯支部宣传委员，参与领导和发动建瓯工人运动。蒋介石发动四一二反革命政变后，到了该年 6 月，建瓯的共产党人遭遇大肆逮捕，杨峻德不得不选择暂时离开建瓯，临行之时，写下"牺牲奋斗"留于同志共勉，显示了共产党人不畏牺牲的革命志愿。他决定外出寻找中共上级组织，请示行动方向。临行前，他特意返回吉阳老家和妻子告别。当时其妻已怀孕 6 个月，苦苦挽留。杨说："你我两家都是穷苦人，祖祖辈辈没过上一天好日子。我现在去为穷人打天下，将来孩子长大了，耕者有其田，他们就不再受苦了。"他还交代说："孩子出生后，若是男的，可取名'宏农'，做农民也应有宏大的抱负，要是个女孩，也要好好养大，告诉她父辈的苦楚。"说完提起一盏小风灯，趁着月黑夜沉，连夜赶到丰乐，上了一条南下的小木船。此后，杨峻德再也没有回过家，和妻子的告别成了永诀。①

除了为革命奋斗牺牲外，杨峻德还善于调查研究，团结劳苦大众，依靠人民群众，辗转城乡各地开展革命实践活动。1928年，杨峻德先后撰写了《红军之意义》《红军之组织》等文章。在《红军之意义》一文中，杨峻德指出："红军就是民众自己武装之组织"，"红军是由民众中最勇敢、最革命、最忠实之分子组织起来的"，"红军是民众的先锋队"，"红军是有'铁的纪律'，是欲完成土地革命而革命的，而

杨峻德（1900—1931）

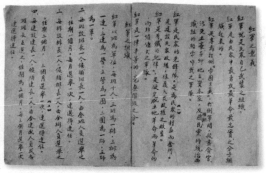

1928年1月杨峻德为建立闽北红军独立团起草的文件《红军之意义》《红军之组织》

---

① 冯奇：《杨峻德》，载中共福建省委党史研究室编：《福建英烈传略》（中），福建教育出版社，2015年，第522页。

非雇佣式之军队"。①这些论点充分反映了杨峻德为人民大众谋福利而英勇奋斗、不畏牺牲的决心与勇气。

1931年3月25日，杨峻德被逮捕，后被秘密押至南京，面对敌人的威胁利诱，表现出了一个革命者大无畏的精神。他掷地有声地对敌人说："机关组织秘密，同是党员，非有秘密关系，均不能认识。我既被捕，有罪尽我一人承当！""你们任意屠杀也杀不了！继我而起者尚复大有其人。现我应如何处决，请从速就是。"②

二、人民至上的革命表白

1. "以最多数人之最大幸福为人生的最终目的、最大责任"

"要认定一个人不是为一己而生，是为社会为人类而生，以最大多数之最大幸福为人生的最终目的最大责任，而以尽此责任为乐。"③这是雨花英烈侯绍裘生前在圣经学校益德会智育部做演讲时，其演讲稿《我们该做怎样的青年》中的话，表现出了一个具有初步共产主义思想的青年知识分子的胸襟和志向。

侯绍裘，江苏松江（今属上海）人，1918年考入交通部上海工业专门学校（前身为南洋公学，后并入上海交通大学），1919年参加五四运动，任上海学生联合会教育科书记等职。暑期起，他领导组建了上海8所工人义务学校，对全国工人和平民义务教育产生很大促进作用。侯绍裘将办义务学校和开展工人运动结合起来，学校的许多学

---

① 《红军之意义》，载彭泽、张传新主编：《武夷山革命根据地》，中央文献出版社，2008年，第694页。
② 连尹主编：《生命的价值》，福建教育出版社，1990年，第37页。
③ 雨花台烈士陵园管理局编：《雨花英烈文集》，南京出版社，2016年，第33页。

生后来都成为工人运动的积极分子。1921年夏，他主持开办松江景贤女子中学。在主持景贤女中的同时，侯绍裘积极参加社会活动，与朱季恂等人创办了《松江评论》。1923年7月，侯绍裘作了一次题为《评一般人对社会主义的误解》的重要演讲，深刻阐明社会主义是实行公有制，消灭剥削，发展生产，使人们共同幸福的社会。他指出："这万恶的社会，终有一天要被我们或我们的子孙改造过来。"① 这表明他在思想上已坚定地信仰马克思主义了。不久，侯绍裘加入中国共产党，成为坚定的共产主义战士。

1925年五卅惨案发生后，侯绍裘又积极投入反帝爱国运动。他与沈雁冰等30余人发起成立上海教职员救国同志会，团结教职员投入救国斗争。又与董亦湘被该会推选为代表，出席上海全市工商学联合会，参与"工商救国"之路。该会组织演讲团，他与杨贤江、叶圣陶等积极参加，四处宣讲。1927年3月，当选为上海特别市临时市政府委员；4月2日带领国民党江苏省党部迁至南京，参加筹建江苏省政府的事务，组织南京民众与国民党右派进行斗争。4月10日，参加中共南京地委召开的紧急扩大会议，侯绍裘代表省党部愤怒谴责国民党右派罪行，强烈要求惩办肇事者，保护集会自由，保护工人运动，恢复省、市党部。会议进行到深夜时，会场被特务包围，侯绍裘被捕。被捕后，侯绍裘坚贞不屈，表现了共产党人为民牺牲的大无畏革命精神。

柳亚子在1938年撰写的《朱季恂侯绍裘合传》中这样评价侯绍裘：

---

① 中共南京市委党史资料征集编研委员会办公室、南京雨花台烈士陵园管理处编：《南京英烈》（第1辑），南京工学院出版社，1987年，第25页。

侯绍裘（1896—1927）

侯绍裘等人被捕地点——
大纱帽巷 10 号

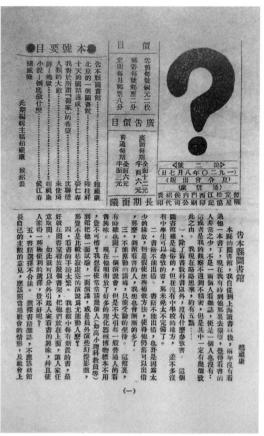

1921 年，侯绍裘在松江创办的《? 周刊》，以揭露旧社会的黑暗，启发群众的觉悟。因为用"?"作为刊头，新颖别致，群众亲切地称之为"耳朵报"

"君赋性仁爱，平易近情，临大节则毅然不可夺。其为人也，俭于持躬，而厚于遇友，怀才而不伐，负责而不兢，渊渊乎君子人哉！顾反动者流辄深忌之，恒欲得而甘心。"[1] 赞扬了侯绍裘崇高的精神品质。1943年春，周恩来在《关于一九二四至二六年党对国民党的关系》一文中指出，"当时各省国民党的主要负责人大都是我们的同志"[2]，列举了江苏的侯绍裘等，高度评价了大革命时期，包括侯绍裘在内的广大共产党人在工农革命运动和国民革命联合战线中的历史作用。

2. "我们有热血，有赤心，有牺牲的精神……"

努力奋斗

同胞们！

敌人投奔来了！

我们的同胞死者遍地！

血流成河！

伤者无数！

敌人快杀到我们来了！

快起来抵抗呀！

奋斗！努力奋斗！

同胞们！

我们不抵抗，就免不了被他们杀死，

我们抵抗而胜，固然得了生路，

---

[1] 中共南京市委党史资料征集编研委员会办公室、南京雨花台烈士陵园管理处编：《南京英烈》（第1辑），南京工学院出版社，1987年，第28—29页。

[2] 曹劲松主编：《信仰的力量——雨花先烈事迹选编》，南京出版社，2015年，第2页。

抵抗而败，

也有无上光荣。

快起来呀！

奋斗！努力奋斗！

同胞们！

我们有热血，有赤心，有牺牲的精神……

这就是我们无上的武器！

怕他干吗？

奋斗！努力奋斗！

同胞们！

美利坚以往的英烈啊！

法兰西以往的英烈啊！

爱尔兰以往的英烈啊！

土耳其以往的英烈啊！

苏维埃以往的英烈啊！

他们留给我们的教训是"努力奋斗与牺牲"。

我们的胜利也只在最后的努力奋斗与牺牲。

奋斗！努力奋斗！ [1]

这是雨花英烈张炽于 1925 年 10 月在《革新》杂志上发表的诗篇，表明了奋起抗敌勇于牺牲的大无畏精神。

张炽，云南路南（石林）人。1919 年五四运动爆发后，张炽深受新思想、新文化的影响，潜心阅读《新青年》《每周评论》《新潮》

---

[1] 雨花台烈士陵园管理局编：《雨花英烈诗词》，南京出版社，2017 年，第 91—92 页。

等革命刊物和进步书籍，开始接触马克思主义。1924 年，为寻求革命真理，探索救国道路，张炽外出求学。通过革命理论的学习和实践，张炽从一名具有爱国民主思想的热血青年，成长为树立起共产主义信仰的战士。1924 年加入中国共产党。入党后，明确了前进方向的张炽热情投入到为天下苍生而置生死于不顾的革命事业。他在大连同日商满洲福岛纺织株式会社（福岛纺织厂）罢工的工人一起，与日本资本家玩弄的种种阴谋斗争，最后迫使日本资本家答应工人提出的不准打骂工人、减少劳动时间、增加工资等条件。大革命失败后，张炽处境十分危险，但他冒着生命危险继续革命。他在给妻子胡素冰的信中

张炽离开家乡到北京求学时留给妻子的照片，背面有其临别赠言

张炽在北京给弟弟子昭的信

说："……我决不灰心！消极！我相信，十分相信，我的前途仍旧是很光明的！失败与小挫是我的事业成就的母亲！只要我们肯努力奋斗，我相信，十分相信，是终有一日会偿了我们的素［夙］愿的！"①在白色恐怖极其严重的环境中，张炽对家人无法尽孝抚小。他不仅捐出自己的财产，还动员家乡的亲属卖掉田产等，将筹集到的钱全部上缴作为党的经费。他在写给三弟的信中坚定地说："不忍心见同胞穷苦，将为奴隶（亡国奴），立志走这条大路，作这种有价值的工作。"②

1930 年 7 月，张炽在上海组织发动法租界电车工人罢工斗争时遭逮捕。在狱中，他将牢房作为特殊的战场，不畏炼狱之火的考验，写下"努力琢磨坚志气，禁中切莫妄蹉跎"的诗句。他始终关怀难友疾苦，告诫难友"千万不可向敌人屈服"，体现了高度的置生死于不顾的大无畏精神。

第三节 为千万家团圆而舍弃一家团聚

一、摈弃功名利禄投身革命

雨花台烈士中的不少人，家境相当殷实，个人境遇良好，处于当时社会的上层。但他们为了革命理想，面对眼前的安乐、可及的富贵和到手的钱财，不留恋，不动心，不伸手，不挥霍，排斥虚荣，洁身自好，不为利诱，俭以奉公，展示了雨花英烈们崇高的世界观、人生观和义利观。如恽代英生前对生活的追求所言："对于衣服，吾不

---

① 雨花台烈士陵园管理局编：《雨花英烈家书》，南京出版社，2016 年，第 76 页。
② 雨花台烈士陵园管理局编：《雨花英烈家书》，南京出版社，2016 年，第 70 页。

喜华丽，每着丽服心如有所不安。……吾对于衣服之理想，以整洁为上，若华丽则勿取。吾意将终不服绮罗。为衣，但取轻暖，适于卫生而已。"① 这类群体代表还有朱杏南、任天石、邓演达等。

1. 抛家弃财投革命

"不要去催逼缴不起租的佃户"，这是雨花英烈朱杏南常常告诫家人的话。1898 年，朱杏南出生在江南一个富庶小镇——江阴夏港镇。其祖父曾开设米行，积资甚巨，置田产 500 余亩，建房 40 余间，在当地可谓是第一巨富。朱杏南的同学沈松寿说他"承袭祖遗田产几百亩，与其兄杏雨列为本邑夏港巨富，咸以资本家大地主称之"。但富裕的生活没有迷失朱杏南内心的追求，他没有因为自己的有产者身份而鄙视穷人，而是对他们充满了同情和理解。

1919 年五四运动的风潮传播到朱杏南的家乡，他满腔热情地投入到声援活动中。经过五四运动的洗礼，朱杏南的思想发生了很大变化。1921 年，朱杏南与本镇旅外青年 10 余人组织了"夏港同志会"，推崇"启发民智，普及教育"，力主教育救国。在朱杏南的努力下，该会先后创办了阅览室、暑假补习学校、俱乐部。其后，朱杏南又增办小学，捐资建校舍，并主张对穷苦人家的孩子免费入学，给予适当补助。

1926 年，朱杏南加入中国共产党。1927 年 3 月，朱杏南参加了中共江阴特支举办的江阴农民运动训练班，学习到了许多新鲜的革命理论。为了发动农民，建立农民武装，他和同志们一道打捞军阀部队溃退时丢弃在河潭中的枪支，在夏港西乡成立了农民武装。在朱杏南

---

① 雨花台烈士陵园管理局编：《雨花英烈文集》，南京出版社，2016 年，第 45 页。

的领导下，夏港的农民运动不断开展，而此时的朱杏南也将面临着来自反革命屠刀的严峻考验。四一二反革命政变后，革命转入低潮，江阴夏港的农民武装起义也被强令解散。朱杏南没有消沉和悲观，而是积极地等待时机，以图革命再起。

1927 年八七会议后，中共江阴县委贯彻八七会议精神，组织了多次农民武装暴动，身为县委委员的朱杏南积极参与其中。1928 年 3 月 21 日，朱杏南参加了东乡的峭岐暴动，打垮了当地的地主武装和驻地警察，并清算了当地的恶霸地主的罪行，显示了共产党领导下农民武装的力量。

鉴于当时夏港的白色恐怖愈加严重，1929 年春，党组织将其调至江苏苏州吴县担任县委书记，化名黄春涛。朱杏南一到苏州，立即开展工作，联系党员，发展组织，经过一个月的努力，县委就与 76 名党员接上关系，并领导他们开展斗争。同时，在异常险恶的环境下，朱杏南仍积极从事工人运动，并努力开展农民运动。革命离不开经费的支撑，当时党内经费较为困难，朱杏南就每月从家中取钱作为革命活动经费。据朱杏南女儿回忆："朱杏南参加革命和被捕后，为筹集革命活动经费和营救之用，把土地陆续卖掉。""分归朱杏南名下的土地，一直由在家主持家务的申蕴莹管理。据申蕴莹生前讲，当时朱杏南为了革命活动需要经费，经常回家要她卖掉土地，她不肯时朱杏南硬要她卖……"①

1929 年 9 月，朱杏南被捕。历尽各种酷刑，并由国民党省党部、

---

① 中共江苏省委党史工作办公室、中共南京市委党史工作办公室、雨花台烈士陵园管理局编：《雨花魂》，中共党史出版社，2015 年，第 395 页。

县党部、县政府、警察局、苏州驻军等五个方面会审，朱杏南坚贞不屈，敌人一无所获。1931年5月19日，朱杏南临刑前，在遗书中对家人表达了自己的革命人生："我这种结果，你们不应当悲伤而应该引为无上光荣啊！……你们今后应该处处去找光明而快乐的路，运用自由自主的权威，将旧社会的一切伪道法都打破……"[1] 充分

朱杏南（1898—1931）

展现了一个来自富裕家庭的共产党员高尚的革命情操。

2. 弃医从戎为民众

"咫尺重山繁荣市，为民幸福被坐牢"是曾任中共中央华中分局十地委常委兼社会部部长的任天石烈士在狱中留下的诗，充分体现了其为民牺牲的大无畏精神。

任天石21岁从中国医学院毕业，领取了当局颁发的行医执照，在家乡行医。西安事变后，面对抗日救亡的时局，他毅然放弃从医而投入革命，参加了当地的抗日武装。他认为做个医生，只能救命；若要救民，必须救国。为此，他放弃安定优裕的生活，与部队一起吃大锅饭，睡稻草铺，并变卖家产，交给部队充当经费。

为坚持抗日的政治方向，任天石积极寻求共产党的领导，设法与中共上海党组织取得了联系。1938年8月初，常熟人民抗日自卫队（简称"民抗"）成立，任天石任副队长，负责行政和财务。是年冬，

---

① 雨花台烈士陵园管理局编：《雨花英烈家书》，南京出版社，2016年，第31页。

经过整顿，任天石任民抗大队长。就这样，一支由人民群众自发成立的抗日部队，变成了中共领导下的人民抗日武装力量。在作战中，任天石总是在第一线，既当指挥员，又当战斗员，还运用自己精湛的医疗技术，精心救护伤员。他处处为群众着想，与干部群众建立了亲密无间、水乳交融的关系，受到了大家的爱戴。人们亲昵地称他为"老天"，把民抗部队称为"老天部队"。1939 年秋，任天石光荣地加入了中国共产党。同年 9 月，民抗部队 400 余人随江南抗日义勇军西撤，任天石奉命留守。这时留在东路敌后的武装只有民抗总部一个警卫班十余人、常备队数十人。整个苏常地区敌后斗争处于极为困难的境地，但任天石等人不畏艰险，坚持斗争。

在国共合作抗战的大环境下，任天石始终坚持独立自主的原则。当时，国民党常熟县县长安蔚南利用"合法"身份跟他谈判，企图改编民抗，以控制新四军游击区。任天石不卑不亢，与之周旋。安蔚南又抛出诱饵，加封他为"三十一团团长"，对此，任天石当场表明了合作但不受委任的坚定立场。

1940 年 4 月，任天石毫无保留地将民抗精锐充实到谭震林组建的江南抗日救国东路军政委员会的主力武装中，极大地支持了谭震林扩大东路抗日游击根据地。为把苏常太建设成东路敌后根据地的中心，任天石认真贯彻"三三制"原则，团结各阶层爱国同胞，奔走联合各方面知名人士。8 月初，常熟县人民抗日自卫会代表大会召开，任天石当选为执行委员会主席，后任中共常熟县委书记。

1941 年 7 月，日伪大举"清乡"，任天石在苏常太地区进行了艰苦卓绝的反"清乡"斗争，后奉命突围。撤出苏北通海地区，先后任苏中四地委江南工委书记、通海行署副主任等职。1943 年任中共苏中区党委巡视员，后调任通海行署主任。1944年11月，任中共苏中第六地委委员兼第六行政区专员公署专员。1945年8月，任天石组建苏常太警卫团，亲率部队攻打伪军据点，逼迫伪军撤离。

1947年，任天石因华中十地委遭破坏，身份暴露而不幸被捕。在狱中，他面对屈膝投降的叛徒"说客"冷眼相拒，"你不必劝我，人各有志么！"他还在给华中十地委常委包厚昌的信中写道："始终会象［像］信笺一样的洁白。"并在同一信中以隐语向党明志："也承蒙他们的不弃，要我做同店号名誉上的经理，但自觉德薄才浅，无法胜任而谢却了①。因而说我不受抬举。"②在狱中，他还写过一篇散文《天雨庭前的梧桐树》，描述了梧桐树在霪雨连绵侵袭下的奋起反抗，他在文中写到的梧桐树的坚韧精神正是他高尚情操的真实写照，如"任凭百般的摧毁，不到秋风是不会扫落的时光！……秋风年年有，毁灭不尽的梧桐叶，只见它年年在增添着引人喜欢的娇嫩，依旧在炎热的

任天石与妻子的合影

---

① 这句是说敌人要叫他在监狱里管"犯人"，遭到烈士的拒绝。
② 南京雨花台烈士陵园管理处史料室编：《雨花台革命烈士书信选》，江苏人民出版社，1983年，第119页。

阳光中给囚徒们一点凉快，直到牢房变废墟"①。

1948 年底，任天石在南京英勇就义。直到今天，江苏常熟地区还流传着任天石领导人民抗日斗争的生动故事，苏常太人民永远怀念着自己的"老天"司令。现代剧《沙家浜》精彩唱段中假扮郎中的人物就是以他为原型的。任天石出身于富裕家庭，生活条件优越，本来可以过着优裕的生活，可他对这些却毫不留恋。为了抵抗外侮，解放同胞，他毅然脱下长衫，换上破旧的衣服，不畏强敌，深入到民众之中，发动和组织抗日武装。为了党领导的人民斗争的胜利，他鞠躬尽瘁，献出了自己的一切，体现了一名共产党员的崇高道德情操。

3. 为国为民不求名不求利

1931 年 11 月 29 日，正值九一八事变发生后两个多月的国难深重的日子，一位男士刚镇定地跨出一辆从南京城东富贵山古炮台废址向东郊汤山方向驶去的囚车门，就被子弹击中，倒在血泊中……他就是著名的国民党左派领袖、民主革命时期的杰出革命家邓演达。

1895 年 3 月 1 日，邓演达出生于广东惠阳永湖墟鹿颈村。自少年时代起，就耳闻目睹祖国深重的民族危难和农民遭受的残酷压迫，年长时又受到孙中山领导的资产阶级民主革命风潮的影响，产生了学习军事、报效国家的愿望。正是这个愿望促使他不断努力，最后成为孙中山的追随者。孙中山对其器重有加，授予他少将参军之职，并亲自题赠半身照片一帧和对联一幅，上书"养成乐死之志气，革去贪生之性根"，以作激励。

1927 年 4 月，蒋介石、汪精卫先后发动反革命政变，为表明不

---

① 雨花台烈士陵园管理局编：《雨花英烈文集》，南京出版社，2016 年，第 184 页。

与他们同流合污，邓演达毅然辞去国民党内的所有职务。同年 8 月 1
日，邓演达、宋庆龄、毛泽东等人联名发表《国民党中央委员宣言》，
宣言中提到"我们的信条"，即"我们的哲学观点是历史的唯物主义；
我们的事业是继续孙中山的革命；我们的任务是实现中国平民革命，
解放全中国，向社会主义大道前进；为实现中国革命，联合世界上被
压迫民族共同奋斗；我们是信仰一致、组织一致、行动一致的政治结
合的战斗团体；我们采取民主集中制的组织原则"。[①] 后邓演达先后
远赴莫斯科、德国柏林等地，开始对欧亚各国进行学习考察，同时与
国内外有关人士保持联系，总结中国大革命失败的经验教训，寻求中
国革命的道路。

1930 年 5 月，邓演达秘密回国，隐居于上海租界，联络志同道
合的朱蕴山、彭泽民、黄琪翔、章伯钧等，紧张开展组党筹备工作。
8 月改组中华革命党，召开了"中国国民党临时行动委员会"成立大会。
1931 年 8 月，邓演达不幸被捕，解来南京。蒋介石使尽伎俩，软硬兼施，
劝他放弃自己的主张，并许以高官厚禄。他正气凛然，严词拒绝道："政
治斗争是为国为民，绝无个人私利存乎其间。我们的政治主张决不变
更，个人更不苟且求活。"[②] 他还鼓励其他被捕的战友要坚定，不悲观，
努力学习，注意健康，继续斗争，并把外面送给他的钱转送大家使用。
殉难前，他还给宋庆龄等写信，请他们设法营救其他被捕的战友。

邓演达被捕的消息传出后，他的同志、战友、黄埔学生等积极

---

① 丘挺、郭晓春：《邓演达生平与思想》，甘肃人民出版社，1985 年，第 143 页。
② 中共南京市委党史资料征集编研委员会办公室、南京雨花台烈士陵园管理处编：《南京英烈》
（第 1 辑），南京工学院出版社，1987 年，第 276 页。

1923 年，孙中山赠邓演达手书对联

1927 年 6 月，邓演达给国民党中央执行委员会的告别信，谴责了蒋介石屠杀工农群众的罪行

邓演达被江苏高等法院第二分院审讯退堂时的情形

邓演达烈士墓

设法营救。蒋介石深知邓演达的巨大影响力，担心劫狱，将他转押至富贵山古炮台废址内，切断了他与外界的联系，后命令将其秘密杀害。

邓演达生前曾对宋庆龄表示："我们的斗争将是长期的、尖锐的，而又是残酷的。因为我过去毫不犹豫地向着腐恶斗争，在军政两方面曾树了不少仇敌。但他们不能阻扰我追随总理的步伐，我准备牺牲以赴。"[①]

邓演达投身革命 20 余年，为了实现孙中山先生的新三民主义，坚持三大政策，赴汤蹈火，以命相搏，忠实地践行了自己的诺言，体现了一位革命者高尚的道德情操。毛泽东曾在读《新唐书》作批注时提到了他，"岳飞、文天祥……邓演达……诸辈，以身殉志，不亦伟乎！"[②]周恩来也对其有过评价，即"这人的人格很高尚，对蒋介石始终不低头"。[③]

二、为大家舍小家

雨花英烈们投身革命的英雄事迹里，最令人动容的常常是他们放弃亲情，为千万家团圆而舍弃一家团聚的经历。在那国难深重、风雨如晦的年代里，无数家庭被天灾人祸、外敌入侵、反动派的统治而逼迫到了家破人亡的境地。为了苦难里的人民，许多雨花英烈和凶残的敌人斗争时，不惜舍弃珍贵的亲情。他们知道，一家不能团聚的代

---

① 中国农工民主党中央委员会编：《邓演达》，文史资料出版社，1985 年，第 142—143 页。

② 中共中央文献研究室编：《毛泽东读文史古籍批语集》，中央文献出版社，1993 年，第 237 页。

③《周恩来选集》（上卷），人民出版社，1980 年，第 167 页。

价，换来的会是千千万万家能够团圆。

1. 对家庭有"终身遗憾"

毛福轩是毛泽东的同乡，1900 年出生于湖南湘潭。1921 年 7 月中国共产党成立后，中共一大代表毛泽东、何叔衡回到湖南开始着手建党工作，带着毛福轩走出山区，来到省城长沙，进入湖南自修大学。这所大学是中共湖南支部（后为中共湘区委员会）创办的，是中共成立后第一所传播马克思主义和培养干部的学校。毛泽东当时亲任教务主任。

毛福轩在学校既当校工，又当学生，半工半读。他虽原本识字不多，但他以顽强的毅力如饥似渴地学习，文化水平和政治觉悟有了迅速提高。

1922 年，毛泽东派毛福轩和毛泽民一起，到江西安源路矿参加工人运动。毛福轩冲锋在前，勇敢顽强，机智沉着。经过斗争实践考验，毛泽东介绍他加入了中国共产党。

1924 年初，国共合作拉开帷幕，轰轰烈烈的反帝、反封建军阀革命运动开始在全国兴起。次年 2 月，毛泽东回到故乡韶山，毛福轩亦奉命重返故里，在毛泽东的领导下开展农民运动。毛福轩在他家所在地龙豹湾成立了韶山地区第一个秘密农协，以农民夜校为阵地，秘密宣传革命道理。

1925 年发生在上海的五卅惨案，激起了全国规模的反帝爱国运动。五卅运动后，湖南各地都建立了反帝组织——雪耻会。毛福轩在毛泽东的带领下，找农民促膝谈心，开办农民夜校，启发农民阶级觉悟，揭示贫困根源，宣传反帝反封建，并在此基础上成立了"湘潭西二区上七都雪耻会"，毛福轩任执行委员。随着工作的深入开展，涌现出一批进步较快、觉悟较高、工作积极的贫苦农民和知识分子，建立韶山特别党支部的条件业已成熟。6月，韶山特别党支部正式成立，毛福轩担任书记。

1926年6月，唐生智第八军在北伐军先遣部队叶挺独立团的援助下与叶开鑫部在湘潭、湘乡、衡山郊县一带激战，揭开了北伐战争的序幕。毛福轩公开高举农民协会旗帜，发动韶山人民组织侦探队、运输队、慰劳队，以实际行动参加和支援北伐战争。尽管工作艰苦，矛盾复杂，但他联系群众，殚精竭虑，扎实工作，深得农民兄弟的爱戴。由于工作卓有建树，毛福轩被任命为中共湖南区委特派员兼农运特派员，领导湘潭、湘乡和宁乡三县边区党的工作和农民运动。

1927年四一二反革命政变后，5月21日，许克祥在长沙发动反革命叛乱，猖狂捕杀共产党员和革命群众（史称"马日事变"）。面对白色恐怖，毛福轩继续坚持斗争。后因敌人搜捕愈发凶狠，他被迫撤离长沙。

1928年春，毛福轩来到上海，打入国民政府金山县公安局。1930年秋的一天，在金山县东林寺，毛福轩秘密与中共在金山县的

1959年，毛泽东回韶山，接见毛福轩烈士妻子及乡亲们的合影

党组织接上了关系。在斗争环境日益险恶的形势下，他多次秘密参加党的会议研究工作，为党提供重要情报，暗中保护党组织和同志，有力地配合了中共在上海地区的工作。

1933 年 2 月，他因中共江苏省委遭破坏而暴露身份被捕，解来南京，5 月 18 日牺牲于雨花台。狱中，毛福轩提笔写下遗书："余为革命奋斗而牺牲，对于己身毫无挂虑；对于家庭，上不能以侍父母，下不能以蓄妻儿，此乃终身遗憾！"[①]遗书成为了一份历史的记录，后人就此可以了解毛福轩为了革命事业而舍弃亲情、不能和家人团聚的动人事迹。

2. 为民幸福放弃出狱和家人团圆的机会

王崇典，1903 年出生于安徽涡阳。五四运动爆发时，王崇典在安徽芜湖芜关中学读书，成绩常居第一。受五四运动的影响，王崇典不满足于学校课堂教授的知识，开始关注时代思潮。随着芜湖学生运动的不断高涨，各学校相继成立了学生自治会。王崇典被推选为学生自治会会长，不久被选为芜湖市学生联合会代表。他多次参与领导了学生请愿、罢课，支援工人大罢工等革命运动，为芜湖学生运动的开展做出了突出贡献。

中学毕业后，王崇典回到家乡任教，五卅惨案后，组织成立沪汉罢工后援会，投身反帝爱国运动。后来在亲友的资助下，考入上海大夏大学预科，1926 年又转入国立东南大学，在这里接受了马克思主义，1927 年加入了中国共产党。

1928 年 5 月 3 日济南惨案发生后，日本侵略者的肆意焚掠屠杀

---

① 《雨花英烈画传》编委会编：《雨花英烈画传 3》，南京出版社，2015 年，第 86 页。

激起了全国人民的强烈愤慨。王崇典和学校的地下党一起，动员了国立中央大学的党员、进步青年向国民政府请愿，当天就有1000多名学生参加了请愿，高呼"对日经济绝交""恢复民众运动"等口号。频繁的革命行动引起了国民党反动派的高度注意。敌人即将动手了，王崇典仍毫不畏惧，挑起了宣传思想和发动工作的大梁，为了争取更多的人加入革命阵营、侍机发动武装暴动废寝忘食地四处奔忙。

1928年5月上旬，因叛徒告密，敌人在南京全城进行大搜捕，短短的几天内，市区五个党团支部悉数被毁，王崇典、齐国庆等20多名党团员被捕。王崇典先是被关押在南京特别市公安局看守所，后交江苏省特种刑事地方临时法庭审判，因为他们全是政治犯，且被冠以"煽惑伤兵、军事谋乱"的罪名，因此，首都卫戍司令部发布705号公函，通知江苏省特种刑事地方临时法庭将案犯转交首都卫戍司令部军法处审理。

敌人进行审讯中，王崇典以沉默进行抵抗，只承认自己加入了中国共产党，曾任过国立中央大学的支部书记，别的一律不予回应。不久，在残酷折磨下，他染上了伤寒，连续两个月卧地难起。当父母来探监时，痛哭流涕地要他认错出狱，他默不作声。弟弟来探监时，他对弟弟说："人总是要死的，只要革命能够成功，我就是死了，还是有意义的，将来一定会有更多的青年投身革命斗争的。"[1] 最后关头他为了革命放弃了出狱和家人团圆的机会，于1928年9月27日牺牲于雨花台，年仅25岁。

---

① 中共南京市委党史资料征集编研委员会办公室、南京雨花台烈士陵园管理处编：《南京英烈》（第1辑），南京工学院出版社，1987年，第116页。

3. 为民谋利选择走最难的路

"我对自己说，假如人死了可以复活，假如生命可以由我重新安排，而且，假如你像一年前那样再对我说：'我走的是难走的一条路'。我仍然要回答你：'让我再走那条最难走的路吧，让我再去死一回吧。'……不要为我悲伤，应当坚强，应当为我们的信仰，为广大活着的人奋斗到底。要坚信，我们总会有胜利的那一天。另者：替我向大哥、大嫂问好，衷心感谢他们这么多年对我的养育之恩……"[1]这是雨花英烈夏雨初牺牲前给妻子的遗书。遗书里充分表达了为了人民而舍弃个人一家团圆的心愿。

夏雨初（1903—1930）

夏雨初牺牲时戴的眼镜

夏雨初 1903 年出生于安徽郎溪，1926 年加入中国共产党。1930年 2 月，夏雨初以中共中央特派员身份被派往南京，任中共南京市委常委，参与策划组织南京暴动。来南京前，夏雨初清楚地知道，南京党组织自 1927 年四一二反革命政变至今，已遭受到四次大破坏，几

---

① 顾永俊、夏家霖：《夏雨初传》，江苏人民出版社，2016 年，第 144 页。

任党的主要负责人和许多党员或被杀害,或被监禁。但是临危受命后,夏雨初没有任何犹豫,毅然前往南京赴任。

到南京后,他很快与市委联系,即以下关和记工厂(和记洋行)工人、共产党员李兴旺弟弟的身份,化名李兴国,安顿立足。他在敌人侦探密布、警备森严的条件下,秘密活动于和记工厂、浦镇机厂、金陵兵工厂等工人较集中的地方。

1930年7月夏雨初在南京下关召开会议时被捕,受尽敌人严刑拷打而不屈服。8月18日被杀害于雨花台,年仅27岁。

第四节 为人类解放而舍弃一切

在中国共产党的旗帜上,始终写着"人民"二字,一切为了人民,为人民服务,共产党人没有自己的利益,最广大人民的利益就是党的利益,这些信念一直指引着中国共产党的实践方向,推动着党领导的伟大事业的发展壮大。在最广大人民利益面前随时能够放弃和牺牲自己的任何利益,这是衡量一个共产党员是否具备真正品质和坚定信念的试金石。回首历史,20世纪的20年代至40年代,多少革命先烈自觉肩负起"救民于水火、挽狂澜于既倒、扶大厦于将倾"的时代重任,勇敢地走在时代的前列。他们为了人民解放的伟大事业,受过太多的苦难,作出太多的牺牲,在面对任何敌人的凶残时也不曾有过丝毫的畏惧与退缩。

一、以大无畏的自我牺牲精神唤起民众

1. "犹在高歌励后人"

"本为民除害，那怕狼与狗；身既陷囹圄 [①]，当歌汉苏武" [②] 是革命烈士高波生前被囚时写下的诗作，不仅抒发了高波人生的理想，也鼓励了后来者，唤醒了民众觉悟。

1937 年，24 岁的高波进入延安的中国人民抗日军事政治大学学习。不久，加入中国共产党。1938 年大学毕业后，被分配到八路军烽火剧团工作。为了党和人民事业的需要，他既是演员，又是领导，奋力工作，带好队伍，积极发挥剧团的作用。在艰苦的战争环境中，高波肩负起重任，从 1938 年至 1942 年，率剧团 30 多人，翻山越岭，过沟跨坎，为部队和群众创作和演出了京剧《平型关大战》、歌舞《小放牛》等许多表现八路军和抗日军民英勇斗争的戏曲和节目，深受抗日根据地军民欢迎。老百姓传唱着他们演唱的歌曲。

他深入到官兵中，和大家同吃同住，与战士们谈心，就"为谁当兵"与官兵们展开讨论，启发官兵的阶级觉悟。1947 年春，蒋介石将内战由全面进攻转向重点进攻，在极度危险的斗争环境里，高波不幸被捕，于同年 5 月被押至银川。面对敌人的多次提审，他慷慨陈词，揭露国民党发动内战的无耻行径，并对用利益诱惑他投降的国民党官员马鸿逵厉声斥责道："共产党人不是为当官发财，而是为全人类的解放。你马鸿逵瞎了眼，叫真正的共产党人投降，那是白日做梦！" [③] 在银

---

① 囹圄：即牢狱。

② 雨花台烈士陵园管理局编：《雨花英烈诗词》，南京出版社，2017 年，第 119 页。

③ 《雨花英烈画传》编委会编：《雨花英烈画传 3》，南京出版社，2015 年，第 154 页。

高波在延安中国人民抗日军政大学学习期间与战友的合影（中为高波）

川狱中一年，石牢铁窗锁不住他那颗唤起民众的心。他从中华民族优良传统及传诵千古的汉代苏武持节牧羊域外的事迹中汲取力量，以共产党员必须忠于自己从事的人民事业的信念激励自己，在狱中他拉起《苏武牧羊》等名曲，吟唱"苏武牧羊北海边……"，用琴声、歌声传递心声，控诉敌人的罪行，坚定战友们的意志。国民党见对其感化无效，遂押至南京。

到南京后，高波知道自己的时日已不多，遂给在远方的妻子写下遗书："我和你及安莉女儿永诀了。我的死是为着人类的解放事业，是光荣的。我死后还有成千上万的同志。我们的革命事业必胜……我的身体被国民党反动派毁去了，但我的灵魂永远不会被毁伤。要把女儿带大成人接班，完成我没有完成的事业……"[1] 体现了他对人民深厚的无产阶级革命情感，表现出为人民解放事业不惜生命的英雄气概。

---

① 《雨花英烈画传》编委会编：《雨花英烈画传 3》，南京出版社，2015 年，第 156 页。

2. 为唤起工农而献身

汪裕先家境贫寒，7 岁时父亲病故，靠母亲做针线活维持生计。艰苦的生活经历使得汪裕先比同龄人具有更多的坚韧气质和战胜困难的勇气，促使他更多思考社会的不公和生活的意义。1926 年，汪裕先加入中国共产党，奋战在工人运动前沿。

1927 年 3 月 21 日，汪裕先等人领导的由 200 多名华电工人组成的纠察队参加了人民武装起义并取得胜利。同年四一二反革命政变后，白色恐怖笼罩着整个上海，迫使党的活动转入地下。汪裕先一面继续深入各工厂向工人群众揭露反动当局的罪行，一面组织部分共产党员和工会骨干撤退转移。他向工人宣传革命道理，用"一碗饭要大家吃"的道理号召工人们团结起来。还组织工人排练节目，用文艺形式揭露社会的不公和黑暗，启发工人思想觉悟。

他在推动工人运动的同时，也关注农民运动。1930 年 4 月，汪裕先根据党的指示，赴太湖组织农民武装。后由于叛徒告密，在回苏州的途中被捕。不久，汪裕先被定为政治犯，转押在南京国民党中央军人监狱，同恽代英等人关在一起。在狱中，汪裕先没有消极悲观，仍积极投入到唤起民众意识的斗争中，体现了高度的为民牺牲的精神。他与狱中同志组成秘密党支部，领导和组织大家开展绝食斗争，争取政治犯的权利。1934 年，在狱中四年的汪裕先，因在狱中托人秘密带信与上海地下党组织联系一事暴露，被反动当局当即判以死刑，为其始终从事的唤起工农反抗压迫的斗争事业奉献了生命。

二、为人民解放甘献生命

1. "横眉冷对千夫指，俯首甘为孺子牛"

众所周知，"横眉冷对千夫指，俯首甘为孺子牛"是鲁迅先生的著名诗句，在这里则是雨花英烈晋夫的座右铭。

1948 年秋天，解放战争正以排山倒海之势迅猛发展，在解放军将阎锡山的老巢太原城团团包围，并对守城敌军展开强大的政治攻势与思想工作时，晋夫受党组织委派，以第 30 军兵团政治部宣传部长名义，担任第 30 军联络人，跟随王正中于 11 月 4 日晨潜入太原城。晋夫在被党组织找来交代任务时，被告知："这个任务，要同敌人斗智斗勇，十分艰巨，可能有牺牲生命的危险……"没等讲完，晋夫就坚定地表示："坚决完成任务！作为一个共产党员，只要党需要，牺牲自己的生命也甘心！"[①]

然而，让人没想到的是，在晋夫等人进入太原城的前一天，向阎锡山发动起义的全盘计划被国民党内部叛徒戴炳南告密。阎锡山震怒之余，当夜立即设计将起义军诱骗到太原城内逮捕，随同王正中进入太原城的晋夫，被预伏的国民党宪兵逮捕。

被捕后，面对敌人的严刑拷打和恐吓，晋夫毫无惧色，如泰山挺立，巍然不动，并对敌人厉声道："我不是间谍，我是堂堂正正来接受卅军起义的，你们胡说我们是匪，而匪正是你们自己。""全国即将解放，南京也一定要解放的！""你们打断我的筋骨，但永远也打

---

① 中国人民解放军历史资料丛书编审委员会编：《解放战争时期国民党军起义投诚·冀晋察绥平津地区》，解放军出版社，1996 年，第 532 页。

1945年8月，晋夫（左）与战友的合影

1946年，晋夫与战友的合影

晋夫日记本，日记封面，
书写鲁迅诗句作为座右铭

不垮共产党人的钢铁意志。"① 这种威武刚毅的精神深深鼓舞感召着同案其他四人。

后晋夫被押解至南京，先后被关押在国民党国防部保密局看守所、国防部特刑庭监狱，但他始终心怀人民解放事业。他曾对难友说："我们要经得起严峻的考验，为人民解放而死，值得！"②1948年11月，晋夫为了人民解放事业献出了自己年轻的生命。

2. "人民何日得以安生！"

"厮杀半生，如今还要打内战，国家何日得以安宁，人民何日得以安生！"③ 这是1948年与晋夫同时参加解放太原起义而被捕的革命烈士黄樵松生前面对国家内战发出的长叹。

黄樵松1903年出生于河南省尉氏县，家境贫寒，从小目睹人民悲苦、国家积弱，对帝国主义的侵略恨之入骨，立志报效祖国。1922年，黄樵松毅然中断学业，从军报国，考入冯玉祥将军的西北军学兵团，因表现突出，被升为团长。1937年，黄樵松任第27师79旅旅长。后升任师长。自战斗打响至抗日战争胜利，黄樵松先后率部参加了台儿庄战役、武汉会战、豫南截击战、信阳攻坚战、南阳守卫战等重要战役，立下赫赫战功。

抗战胜利后，不少国民党官员借机大肆敛财；不久，国民党政府又发动内战，这些让黄樵松极为不满和痛恨，不愿再为国民党效力。于是，在人民解放战争节节胜利的大势影响与解放军细致工作的感召

---

① 中共南京市委党史资料征集编研委员会办公室、南京雨花台烈士陵园管理处编：《南京英烈》（第2辑），1989年，第283页。

② 俞华泰：《临危赴命慷慨死——晋夫》，《世纪风采》2016年第3期。

③ 《雨花英烈画传》编委会编：《雨花英烈画传3》，南京出版社，2015年，第164页。

下，黄樵松决定弃暗投明，阵前起义，配合解放军攻克太原。1948年10月31日，黄樵松派出谍报队长王正中与解放军联系。王正中受到了第十八兵团政治部主任胡耀邦的热情接待，并带回了解放太原前线的最高首长、第十八兵团司令员徐向前的亲笔信。这更加坚定了黄樵松起义的决心。双方商定于11月5日正式起义，活捉阎锡山，解放太原城。然而，起义还没来得及发动，就因黄樵松一手提拔、视为心腹的戴炳南告密，致使起义不战而败。黄樵松、王正中等均被捕。

被捕后，黄樵松面对审讯，不屑地说：“问什么？死就死，有什么可逼的呢？正是自己做事，自己承担，其余无话可说。”[1] 抱定必死决心的黄樵松在狱中作诗一首，云：“戎马仍书生，何事掏虎子？不欲蝇营活，但愿艺术死。”[2] 表达了他追求光明、至死不悔的决心。11月27日，黄樵松在人生的最后一刻，用尽全身的力量大声呼喊：“南京解放万岁！”“全中国解放万岁！”充分体现了为民众新生甘愿牺牲的大无畏精神。

上述雨花英烈为民牺牲，这样的死是死得其所，是比泰山还重的。正如李大钊所说：“人生的目的，在发展自己的生命，可是也有为发展生命必须牺牲生命的时候……高尚的生活，常在壮烈的牺牲中。”[3]

3. 清华好儿女献身求解放

施滉，是清华大学最早的共产党员。1916年，施滉以云南省第一名的成绩考取清华学校。怀着救国救民满腔热情的施滉于1920年

---

[1]《雨花英烈画传》编委会编：《雨花英烈画传3》，南京出版社，2015年，第166页。
[2] 雨花台烈士陵园管理局编：《雨花英烈诗词》，南京出版社，2017年，第122页。
[3] 唐锡强、朱强娣选编：《李大钊：人生寄语》，安徽人民出版社，1995年，第46页。

同进步学生一起组织了唯真学会，并于 1923 年在学会成员内组织了一个秘密社团"超桃"。它的宗旨是"政治救国"。"超桃"十分强调集体主义，有较严格的组织纪律。施滉和超桃的成员认为，与国民党相比，共产党为了人民敢于斗争，革命比较彻底，"不仅彻底反帝反封建，还同情和支持被压迫民族的解放斗争，要解放全人类"①。

1924 年 1 月，施滉和同学到广州拜访孙中山，探寻改造社会的正确途径。1924 年 6 月，施滉在即将结束清华七年生活、赴美留学前，怀着对清华的感激之情，诚恳地对同学、学校、清华之使命提出建议，在《清华周刊》上发表了《对于清华各方面之建言》。1927 年 3 月，施滉加入美国共产党，成为中国留美学生和旅美华侨中第一批党员之一，后当选为美国共产党中央中国局书记。

在美国斯坦福大学，他继续攻读东方史，致力于中国问题的研究。1928 年，施滉在斯坦福取得了历史硕士学位。1930 年回国后，他曾在中共中央翻译科工作，1933 年担任中共河北省委书记兼宣传部长。1933 年 7 月在北平召开会议时被捕，解来南京。在狱中，面对敌人的严刑拷打，施滉坚贞不屈。1934 年壮烈牺牲。

为了纪念施滉烈士，在清华园图书馆门厅正前方的墙壁上有这样一方关于施滉的纪念壁碑。在碑文上，镌刻着这样一段话："他是清华最有光荣的儿子，他是清华最早的共产党员。他为解放事业贡献

---

① 《清华最有光荣的儿子——施滉烈士》，载中共云南省委党史研究室、云南省人民政府扶贫开发办公室编：《为了中国人民的解放》，中共党史出版社，2009 年，第 317 页。

了生命，施滉的革命精神永垂不朽！"①

在中华民族的历史长河中，1921 年中国共产党的成立是一座不朽的里程碑，她标志着一种代表中国人民美好未来的力量和新文化出现在古老的中华大地上，她为中华民族的解放和复兴带来了希望。正是在中国共产党领导全国人民的不断奋进下，在包括雨花英烈在内的无数共产党人和爱好正义事业人士的献身下，新中国才会诞生，社会主义建设和改革开放才会有今天的成就。雨花英烈，他们是中国人民的好儿女，是中华民族的真英雄，他们虽死犹生！

愿雨花英烈精神如日月高悬，永照人寰！

1923 年秋，施滉被选为清华学校学生会会长。图为施滉（后排左一）与清华学校学生会学生法庭成员的合影

---

① 王强：《清华骄子 革命先烈——白族革命家施滉生平述略》，《丝路视野》2017 年第 36 期。

1926年，施滉在美国斯坦福大学与校友的合影，照片右下角是他的英文题字

1923年春，由施滉组织，在唯真学会成员内成立了8人组成的秘密核心组织"超桃"，宗旨是政治救国，以政治途径改造社会。图为施滉与同为"超桃"成员的妻子罗静宜在美国的合影

第六章 雨花英烈精神的历史地位和时代价值

雨花英烈精神植根于中国深厚的优秀民族文化传统之中，更是植根于人类最杰出的伟大思想沃土——马克思主义之上，是马克思主义在中国大地上的璀璨结晶，是中华优秀儿女用生命浇灌出的文明之花，从而成为中国共产党革命精神谱系的重要构成。今天，我国进入中国特色社会主义现代化建设的新时代，同时面临的压力和挑战也前所未有，需要我们从历史和现实两个层面认识雨花英烈精神的历史地位及时代价值。

第一节 雨花英烈精神的历史地位

一、雨花英烈精神是中国共产党人"为理想信念而献身"的最好诠释

雨花台是革命者的"断头台"，到此人的肉体生命就终结了，它是对一个人忠诚于信仰的终极检验。当时的南京是敌人的心脏，斗争形势凶险，敌人气焰嚣张。雨花英烈要么在强敌环伺的环境下为党工作，要么不幸深陷敌人铁窗，随时都可能要牺牲生命。他们远离革命根据地和党中央所在，孤身对敌，义无反顾，在特别严酷的形势下与

敌周旋,为民奋斗,为党尽职,处处彰显了其信仰的坚定和人格的崇高。

雨花英烈精神是在白区艰难的地下斗争实践中,在敌人的心脏里坚持殊死拼搏中,在敌人的酷刑和屠刀下屹然站立中,在为党和人民的事业献身中形成的。雨花英烈比较集中地牺牲在 1927 年大革命失败后的一段岁月,那时,中国共产党正处于罕见的逆境当中,英烈们又奋斗在国民党反动派的统治区域,他们用自己的生命书写了富贵不能淫、贫贱不能移、威武不能屈的伟大人格和崇高精神。

在雨花台牺牲的英烈中,有许多知识分子出身的共产党人,他们都有机会凭借受过的良好教育,过上富足安定的生活,但当他们接受马克思主义的理想信念后,这一科学理论和它所揭示的改造中国社会的正确路径和光明前景,就成为他们心中不可动摇的理想信念和人生追求。为了这一信仰,他们放弃了现实的利益、长久的富贵,甚至不惜为之付出鲜血和生命。

邓小平曾经说过:"过去我们党无论怎样弱小,无论遇到什么困难,一直有强大的战斗力,因为我们有马克思主义和共产主义的信念。有了共同的理想,也就有了铁的纪律。无论过去、现在和将来,这都是我们的真正优势。"[1] 中国共产党的理想信念是实现中国特色社会主义共同理想和共产主义远大理想,是对马克思主义的信仰。雨花英烈多次"以卵击石"的武装暴动,表现出这种理想信念的惊人力量。他们服从组织安排,做好牺牲的准备,勇敢地深入敌人心脏,投入到党和人民需要的工作中去,尽管经历多次失败和挫折,但他们前仆后继,信仰从未动摇。

---

[1]《邓小平文选》(第三卷),人民出版社,1993 年,第 144 页。

雨花英烈的革命历史表明：共产主义信念、为人民奋斗和爱国主义精神是我们战胜困难、争取胜利的强大精神动力。在中国，进行新民主主义革命和社会主义革命，走社会主义道路，是实现民族振兴和国家富强的必由之路，反映了全国各族人民的共同心愿。在近百年的征途中，这种精神一直激励着千千万万共产党人为国家独立、民主、自由、繁荣、富强而出生入死、英勇奋斗，写下了人类史上辉煌壮丽的历史篇章。

二、雨花英烈精神是中国共产党新民主主义革命奋斗史的重要组成和代表

雨花台是革命烈士的殉难地，在这里牺牲的烈士大多是中共党员，也有部分不是，但可以说都是爱国者，都是为国家的独立，为人民的民主权利和自由、幸福而捐躯的。雨花台烈士中的许多共产党员，是在二十世纪二三十年代入党的。那时，中国革命充满危机，前途未卜，一切均在艰苦卓绝的奋斗之中，正是伟大的信仰和坚定的理想决定了他们的政治选择和人生道路。

雨花台烈士中有不少建党初期的共产党员，许多人是党的重要骨干，他们坚守立党为公、立党为民的信念，始终战斗在党最需要、革命最危急的重要关头。特别是大革命失败后，在敌人的血腥屠杀面前，他们奋起与国民党反动派抗争，用鲜血和生命捍卫了党和革命事业。

城市暴动中的牺牲是探索革命道路的牺牲。城市暴动是在革命低潮时期坚持革命、坚定理想信念的伟大探索举动。如1930年，南京党组织举行暴动，大部分人抱着牺牲的准备。暴动失败后，仅1930

年6月至8月，南京市大部分党团组织遭到破坏，包括时任南京市委书记王文彬、南京市行动委员会书记李济平等在内的一百余名党员、团员在雨花台被害。[①] 这一时期的城市暴动表现了我们党坚持武装斗争的立场，为探索农村包围城市、开展武装斗争提供了借鉴。这种信仰至上、勇于斗争、不怕牺牲的精神，成为雨花英烈精神的重要实践和内涵。

隐蔽战线的牺牲彰显中国革命的艰辛。很多雨花英烈都工作在隐蔽战线上，他们面对顽敌，孤身作战；有的生活困苦，没有保障。同时还要接受家人的误解、同志的怀疑，一些革命者包括党的领导人又因"左"倾错误的影响，受到不公正的对待。但是，他们临危不惧，忍辱负重，忠于组织，冲锋在前，多次挽救革命，使白区的隐蔽斗争取得了巨大的成就。

刑场上的牺牲更彰显共产党人的意志品质。敌人是把雨花台作为屠杀共产党人示众的断头台，是敌人试图用极端恐怖的手段吓阻和摧毁革命者意志的地方，这里是革命与反革命较量的又一战场，但是看似十分强大的敌人并没有达到目的，因为革命者英勇无畏，将断头台变成了对共产主义事业的宣示台。从中国共产党建立到中华人民共和国成立之前，一批又一批的共产党员在雨花台慷慨赴死，绝不屈服，这就是真理与信仰的伟大力量。

---

① 何虎生：《雨花英烈精神的历史地位》，载中宣部宣教局等编：《雨花烈士精神研讨会论文集》，中宣部宣教局，2015年。

三、雨花英烈的家国情怀体现了中国共产党人的道德情操与慨然担当

雨花台烈士中的许多人，青年时期就是秉承"学一门认识世界改造社会的学问"的志向，走上寻找马克思主义真理的道路的。共产党人之所以用必死的决心投身革命，就在于他们把意志深深扎入谋求民族振兴、人民幸福的基石之中。

他们中不少人具有较高的文化知识水平，许多人还来自当时的名牌大学，甚至还有一些是归国留学生。他们对为之奋斗牺牲的事业有着清醒的认识和思想上的自觉，因而他们对理想信念的忠诚，是发自内心的。

雨花英烈在牺牲时的年龄大多在青春年华，已知姓名的烈士中最小的才16岁，这在今天具有特别的现实意义，真正体现了少年强则中国强的实践价值。青春担当强国重任这样的精神品格，是我们今天在实现中华民族伟大复兴中国梦的奋斗历程中，特别需要继承和发扬的。

雨花台烈士中不少是剥削阶级家庭出身的共产党人，他们背叛自己的阶级，立志拯救劳苦大众，这一点很重要，超越自身利益，胸怀劳苦大众，更显现出共产主义信仰的博大深厚。雨花台烈士中还有不少人是知识分子出身的共产党员，他们没有把读书作为进身致富的阶梯，而是选择了充满荆棘和危险的革命道路，尤其是身陷敌人的铁窗炼狱，烈士们恪守对党和人民的承诺，为革命的胜利流尽最后一滴血，用青春践行了崇高的家国情怀，献身于向往的美好事业。

四、雨花英烈精神是中国共产党革命精神谱系的重要构成

中国共产党革命精神谱系是由中国共产党在革命、建设、改革实践过程中创造的一个个精神坐标而形成的革命文化系统，如红船精神、井冈山精神、长征精神、延安精神、抗战精神、西柏坡精神等。这些革命精神都是以马克思主义为理论基础，紧密结合中国革命实践的经验，体现了中国共产党和中国革命、建设、改革道路的独特历史实践。作为中国共产党历史上较早形成的一种革命精神，雨花英烈精神以其丰富深刻的历史底蕴、光辉卓绝的道德典范、坚贞不屈的牺牲精神，奠定了其作为中国革命主流精神的基础，是中国共产党革命精神谱系的重要构成。

雨花英烈精神集中体现了马克思主义的立场、观点和方法。雨花英烈精神的核心内容是理想信念坚定。坚定的理想信念是中国共产党革命精神的共同表现，是指对马克思主义的信仰和对共产主义的信念，共产主义是中国共产党的最高理想和最终奋斗目标。雨花英烈所体现的理想信念十分坚定，他们有时多次"以卵击石"谋划、举行武装暴动，展现出为理想信念不怕牺牲战斗不止的气概和决心。在新民主主义革命时期，雨花英烈在南京这一敌人心脏里的地下斗争长期处于被动地位，组织经常遭到破坏，共产党员时刻面临着被捕、酷刑甚至遭到屠杀的危险，然而，雨花英烈能够义不容辞服从组织安排，时刻做好牺牲的准备，勇敢地深入敌人心脏开展斗争，这是对共产主义信仰的绝对忠诚，即使在经历多次革命斗争中的失败和挫折后，也未曾动摇过一丝一毫的革命信念。

雨花英烈精神是中国共产党人顽强坚持斗争、勇于牺牲的革命

精神，它以大无畏的牺牲精神为鲜明特征。深处敌人统治中心区的雨花英烈，是奋斗在死亡线上的"孤胆英雄"。他们或长时间没有强大的集体作战的支撑，甚至一段时间内没有地方党组织的存在（党组织遭到敌人破坏），处境十分危险，有的还不时受到敌人的种种诱惑，但他们仍然誓死坚守信念，忠诚于党组织，英勇不屈，他们的牺牲更显悲壮，动人心魄。

不论环境如何变迁，初心不改、勇于奋斗、甘于奉献等精神始终是中国共产党革命精神谱系的基本内核。雨花英烈精神同井冈山精神、长征精神、延安精神、抗战精神、西柏坡精神等，共同构成了立党为公、立党为民、立党为国的强大精神力量和宝贵精神财富，感召着一代又一代共产党人为党和人民的事业前赴后继，不懈奋斗。南京雨花台与上海中共一大会址及嘉兴南湖、南昌起义地、井冈山、瑞金、遵义、延安、西柏坡、红岩等一样，也是共和国最重要的红色遗产地之一。

第二节 雨花英烈精神的时代价值

在改革开放以来中国特色社会主义大业在经济、政治、文化、社会、生态文明、国防和军事及执政党建设等方面取得令世界瞩目的成就的背景下，1949 年之前形成的雨花英烈精神等系列红色革命精神还有现实意义吗？在这方面，近年来习近平总书记做了大量考察、思考并发表的一系列讲话，社会各界有识之士发出的强烈声音，部分共产党员出现的前进方向或信仰迷茫的问题等，都证实了雨花英烈精神在当代和未来具有重要的思想意义。

习近平总书记多次指出，"要把红色资源利用好、把红色传统发扬好、把红色基因传承好"。他在视察江苏时强调，雨花英烈的事迹展示了中国共产党人的崇高理想信念、高尚道德情操、为民牺牲的大无畏精神，要使之成为激励人民不断开拓前进的强大精神力量。雨花英烈精神不是书写在纸上的美丽词藻，而是烈士们用生命铸就的伟大民族精神和不朽的革命实践，是实现中华民族伟大复兴不可缺失的精神力量，是践行社会主义核心价值观的重要思想源泉，是中国共产党全面从严治党和"不忘初心，牢记使命"的重要精神文化基础，具有无可替代的时代价值。由中央军委政治工作部话剧团创作的叙述体话剧力作《从湘江到遵义》中出现的"红军之问"一幕就是有力的证明之一，该幕提到："我们当年那些梦想实现了吗？老百姓都过上好日子了吗？还有贪官污吏吗？还有人骑在人民头上作威作福吗？我们还在受外国人的欺辱吗？中国人真正站起来了吗？我们的党还记得我们对人民的承诺吗？还有纠正错误的勇气吗？需要有人站出来的时候还有人敢站出来吗？还有人像我们一样愿意为信仰而生为信仰而死吗？……""红军之问"一幕发人深省，叩问世人的灵魂，召唤信仰回归，这些也正是雨花英烈精神在今天仍占据重要地位的时代之问。

一、雨花英烈精神是实现中华民族伟大梦想的强大精神动力

实现中华民族的伟大复兴是近代以来中国的根本问题、中心问题。当前，我国正处于全面深化改革、实现中华民族伟大复兴中国梦的关键时刻，"我们比历史上任何时期都更接近中华民族伟大复兴的目标，比历史上任何时期都更有信心、有能力实现这个目标"，"实现

中华民族伟大复兴，就是中华民族近代以来最伟大的梦想。这个梦想，凝聚了几代中国人的夙愿，体现了中华民族和中国人民的整体利益，是每一个中华儿女的共同期盼"。[1] 实现中国梦，要不断增强中国特色社会主义道路自信、理论自信、制度自信、文化自信，既要坚持不懈发展生产力，也要坚定正确的政治方向，即对马克思主义的坚定信仰和中国特色社会主义的坚定信念。要注重把改革的主要任务与党的根本宗旨结合起来，保持高度积极的精神状态，用科学的方法推进改革。习近平同志在 2016 年 7 月 1 日建党 95 周年庆祝大会的重要讲话中指出"我们要坚持道路自信、理论自信、制度自信，最根本的还有一个文化自信"，"文化自信，是更基础、更广泛、更深厚的自信"。学者们普遍认为："文化自信"是继道路自信、理论自信、制度自信之后，中国特色社会主义的"第四个自信"。习近平总书记指出："何谓文化自信？文化自信是一个民族、一个国家以及一个政党对自身文化价值的充分肯定和积极践行，并对其文化的生命力持有的坚定信心。"[2] "在 5000 多年文明发展中孕育的中华优秀传统文化，在党和人民伟大斗争中孕育的革命文化和社会主义先进文化，积淀着中华民族最深层的精神追求，代表着中华民族独特的精神标识。"[3] 毫无疑问，雨花英烈精神是中华优秀传统文化和社会主义先进文化的有机衔接，其最重要的时代价值就是构成当代"文化自信"中"革命文化"的重要内涵，从而成为中华民族伟大复兴的宝贵精神动力。

---

[1] 《习近平谈治国理政》（第一卷）（第 2 版），外文出版社，2018 年，第 35—36 页。

[2] 赵银平：《文化自信——习近平提出的时代课题》，《理论导报》2016 年第 8 期。

[3] 《习近平谈治国理政》（第二卷），外文出版社，2017 年，第 36 页。

雨花英烈群体始终以实现共产主义作为崇高理想和信念，勇于斗争、不惧牺牲、甘于奉献。坚定的共产主义信仰是雨花英烈们开展一切革命行动的动因和出发点，指引着他们在各种艰难困苦的条件下敢于同敌人做殊死顽强的斗争，为理想信念宁愿舍弃一切、慷慨赴死，鼓舞着他们始终战斗在党最需要、革命最危急的地方。就在于她把个人追求深深融入谋求民族复兴、人民幸福之中，她的力量来自于最广大人民。据可查的史料记载，雨花英烈中有很多人家境优越，甚至是有着大好的个人前途，但他们仍然甘愿抛下自身安逸的生活投身革命斗争事业。还有一些人在危险来临时明明有机会可以逃脱，但却放弃生的希望，心甘情愿地为党的事业牺牲。

今天，在实现中华民族伟大复兴的新征程上，虽然没有白色恐怖笼罩，没有敌人的严刑拷打，没有随时需要牺牲生命，但也面临着各种诱惑和风险，面临着国内外复杂的形势。包括物质文化高度发展，精神生活平面化和快餐化，制度竞争日趋激烈，恐怖主义和战争风险增大，生态危机累积，发展资源争夺加剧，社会多元趋势显著等挑战。同时面临着全面建成小康社会、全面深化改革、全面依法治国和全面从严治党的新任务、新要求，弘扬和传承雨花英烈精神这一政治优势，正是我们战胜各种困难与风险、解决新问题、创造新业绩不可或缺的精神动力。

二、雨花英烈精神是新时代中国共产党人进行伟大斗争的精神食粮

"实现伟大梦想，必须进行伟大斗争。社会是在矛盾运动中前进的，有矛盾就会有斗争。我们党要团结带领人民有效应对重大挑战、

抵御重大风险、克服重大阻力、解决重大矛盾，必须进行具有许多新的历史特点的伟大斗争。"①

牺牲在雨花台的先烈们之所以勇于献身，一个重要的原因就是他们在走上革命之路起就以国家和民族复兴与人民幸福为价值目标，他们热爱自由、追求民主和平等，痛恨国民党反动统治的腐败和专制，他们热爱国家和人民，忠诚于信仰，坚决抵抗日本帝国主义的侵略。他们有着深沉的家国情怀，克己奉公，廉洁自律，有着很高的个人操守。他们中不少人，家境殷实，个人境遇良好，处于当时社会的中上层，但他们面对眼前的安乐、可及的富贵和到手的钱财，不留恋，不动心，不伸手，在任何位置上都保持与人民群众的血肉联系。当前，随着我国改革开放的深化，社会主义市场经济蓬勃发展，出现了社会利益关系复杂化和矛盾多样化的现象，雨花英烈们的个人行动与事迹无疑为我们尤其是党员干部在新时代处理各种问题、应对各方挑战、进行伟大斗争提供了重要的价值导向。正如习近平总书记所说："全党要更加自觉地坚持党的领导和我国社会主义制度，坚决反对一切削弱、歪曲、否定党的领导和我国社会主义制度的言行；更加自觉地维护人民利益，坚决反对一切损害人民利益、脱离群众的行为；更加自觉地投身改革创新时代潮流，坚决破除一切顽瘴痼疾；更加自觉地维护我国主权、安全、发展利益，坚决反对一切分裂祖国、破坏民族团结和社会和谐稳定的行为；更加自觉地防范各种风险，坚决战胜一切在政治、经济、文化、社会等领域和自然界出现的困难和挑战。全党要充分认

---

① 习近平：《决胜全面建成小康社会 夺取新时代中国特色社会主义伟大胜利》，人民出版社，2017年，第15页。

识这场伟大斗争的长期性、复杂性、艰巨性，发扬斗争精神，提高斗争本领，不断夺取伟大斗争新胜利。"①

在新时代，在社会转型发展的关键时期，在面临重大历史挑战的今天，更需弘扬雨花英烈精神，使中国共产党人始终保持清醒的头脑，不忘初心，不迷失前进的目标，更好地肩负起"为人民谋幸福，为中华民族谋复兴"的使命，朝着实现"两个一百年"的奋斗目标和中国梦阔步前进。

三、雨花英烈精神是推进党的建设新的伟大工程的精神文化基础

"实现伟大梦想，必须建设伟大工程。这个伟大工程就是我们党正在深入推进的党的建设新的伟大工程。历史已经并将继续证明，没有中国共产党的领导，民族复兴必然是空想。我们党要始终成为时代先锋、民族脊梁，始终成为马克思主义执政党，自身必须始终过硬。全党要更加自觉地坚定党性原则，勇于直面问题，敢于刮骨疗毒，消除一切损害党的先进性和纯洁性的因素，清除一切侵蚀党的健康肌体的病毒，不断增强党的政治领导力、思想引领力、群众组织力、社会号召力，确保我们党永葆旺盛生命力和强大战斗力。"②在新时代，坚持不忘初心、继续前行，就要保持党的先进性和纯洁性，着力提高执政能力和领导水平，着力提高抵御风险和拒腐防变能力，不断把党的

---

① 习近平：《决胜全面建成小康社会 夺取新时代中国特色社会主义伟大胜利》，人民出版社，2017 年，第 15—16 页。

② 习近平：《决胜全面建成小康社会 夺取新时代中国特色社会主义伟大胜利》，人民出版社，2017 年，第 16 页。

建设新的伟大工程推向前进。"先进性和纯洁性是马克思主义政党的本质属性,我们加强党的建设,就要同一切弱化先进性、损害纯洁性的问题作斗争,祛病疗伤,激浊扬清。全党要以自我革命的政治勇气,着力解决党自身存在的突出问题,不断增强党的自我净化、自我完善、自我革新、自我提高能力,经受'四大考验'、克服'四种危险',确保党始终成为中国特色社会主义事业的坚强领导核心。"①

从根本上说,中国共产党能否在中国取得社会主义实践的成功,不仅关系到中国的未来,也关系到世界的未来。这也是我们理解雨花英烈精神乃至中国近代以来革命文化之现代价值的根本出发点。党的十八大以来,以习近平为代表的新一代中央领导集体高度重视党的建设,提出:"治国必先治党,治党务必从严。""落实党要管党、从严治党的任务比以往任何时候都更为繁重更为紧迫。全党要增强紧迫感和责任感,牢牢把握党的建设总要求,不断提高党的领导水平和执政水平、提高拒腐防变和抵御风险能力,使我们党在世界形势深刻变化的历史进程中始终走在时代前列,在应对国内外各种风险和考验的历史进程中始终成为全国人民的主心骨,在坚持和发展中国特色社会主义的历史进程中始终成为坚强领导核心。"②党的十九大报告也系统阐述了中国特色社会主义新时代党的建设总要求,提出"以加强党的长期执政能力建设、先进性和纯洁性建设为主线","中国特色社会主义进入新时代,我们党一定要有新气象新作为。打铁必须自身硬。党要团结带领人民进行伟大斗争、推进伟大事业、实现伟大梦想,必须毫

---

① 《习近平谈治国理政》(第二卷),外文出版社,2017年,第43页。
② 《习近平谈治国理政》(第一卷)(第2版),外文出版社,2018年,第15页。

不动摇坚持和完善党的领导，毫不动摇把党建设得更加坚强有力"。①
雨花英烈精神是加强党的政治建设、思想建设、组织建设、作风建设、
纪律建设的重要精神文化资源。

首先，雨花英烈崇高的理想信念是党内思想政治建设的精神文
化之魂。习近平总书记指出，坚定理想信念，坚守共产党人精神追求，
始终是共产党人安身立命的根本。"理想信念坚定，骨头就硬；没有
理想信念，或理想信念不坚定，精神上就会'缺钙'，就会得'软骨
病'。"② 就可能导致政治上变质、经济上贪婪、道德上堕落、生活上
腐化。为此，从严管党治党，最关键的就是要坚定党员干部的理想信
念。共产党人的理想信念是什么？习近平总书记说："对马克思主义
的信仰，对社会主义和共产主义的信念，是共产党人的政治灵魂，是
共产党人经受住任何考验的精神支柱。"③ 建党前夕，受十月革命的影
响，邓中夏、恽代英、施滉、许包野等一批雨花英烈逐步认识到社会
主义是拯救中国的唯一方案，他们开始接受马克思主义，确立马克思
主义信仰，走上马克思主义道路，并投身到宣传马克思主义与创建中
国共产党早期组织的行动中，为实现民族独立和人民解放及最终实现
共产主义理想而奋斗。坚定共产主义理想信念，真正做到"为理想信
念而献身"是雨花英烈精神的真实写照，充分表明了理想信念是共产
党人提升政治觉悟和思想境界的精神之基、力量之源。雨花英烈是一

---

① 习近平：《决胜全面建成小康社会 夺取新时代中国特色社会主义伟大胜利》，人民出版社，
2017 年，第 61—62 页。
② 中共中央文献研究室编：《十八大以来重要文献选编》（上），中央文献出版社，2014 年，
第 339 页。
③ 《习近平谈治国理政》（第一卷）（第 2 版），外文出版社，2018 年，第 15 页。

批中华民族最优秀的儿女,在他们身上流淌着中华优秀传统文化的血,凝聚着中华民族数千年来最光明最根本的追求——天下为公;实践着世界人类对文明方向探索的结晶——马克思主义,志在为人民建立理想中美好的社会主义乃至共产主义社会。正因为这样,所以他们人生虽短,却精神长存,志业不朽。弘扬雨花英烈精神,有助于唤醒一些信仰迷茫、精神迷失的党员干部,补好共产党人的精神之钙。

其次,雨花英烈高尚的道德情操是共产党作风建设的核心精神文化资源。党的作风体现着党的宗旨,是党的先进性、纯洁性及党的凝聚力、战斗力和创造力的重要内容。作风关系党的形象,关系人心向背,关系党和国家的生死存亡,因为"人心是最大的政治"。"党的作风正,人民的心气顺,党和人民就能同甘共苦。实践证明,只要真管真严、敢管敢严,党风建设就没有什么解决不了的问题。作风建设永远在路上。'己不正,焉能正人。'"① 加强和改进党的作风建设,核心问题是保持高尚的道德情操。习近平总书记告诫全党:"我们必须看到,面对世情、国情、党情的深刻变化,精神懈怠危险、能力不足危险、脱离群众危险、消极腐败危险更加尖锐地摆在全党面前,党内脱离群众的现象大量存在,一些问题还相当严重,集中表现在形式主义、官僚主义、享乐主义和奢靡之风这'四风'上。"② 他还指出:党员、干部高尚道德情操和健康生活情趣的养成教育至关重要。在道德问题上,党员、干部无疑应该比普通群众有更高的标准和要求。许

---

① 《习近平谈治国理政》(第二卷),外文出版社,2017年,第44页。
② 中共中央文献研究室编:《十八大以来重要文献选编》(上),中央文献出版社,2014年,第310页。

多腐败分子走上犯罪道路，往往是从操守不严、品行不端、道德败坏开始的。[①] 生活作风和情趣是人格和品德在日常生活中的表现，反映着党员、干部的精神境界、人品修养。雨花台烈士中有不少建党初期的共产党员，许多人是党的重要骨干，他们始终战斗在党最需要、革命最危急的重要关头。特别是大革命失败后，在敌人的血腥屠杀面前，他们奋起与国民党反动派抗争，用鲜血和生命捍卫了党和革命；还有不少人是知识分子出身的共产党员，他们没有把读书作为进身致富的阶梯，而是选择了充满荆棘的革命道路，尤其是身陷敌人的铁窗炼狱，他们恪守对党和人民的忠诚，为革命的胜利流尽了最后一滴血，充分彰显了共产党人始终保持先进性的内在品格。还有的烈士生前一度身在高位，但他们不求名利，廉洁奉公，严守纪律，远离低级趣味，追求高尚的精神生活，展现了共产党人的高风亮节和美丽情操，彰显着人格的伟大力量。

最后，雨花英烈为民牺牲的大无畏精神是共产党组织建设、纪律建设的精神文化之根。加强党的组织建设、纪律建设是增强党的先进性、纯洁性建设及提升党的长期执政能力建设的重要保障。党的组织建设、纪律建设最为根本的就是要密切党和群众的血肉联系。党的十八届五中全会就专门提出了坚持"以人民为中心"的发展思想，鲜明提出了"创新、协调、绿色、开放、共享"的发展理念，把实现人民幸福作为发展的目的和归宿，做到发展为了人民、发展依靠人民、发展成果由人民共享。早在 1945 年，民主人士黄炎培到延安考察，

[①] 习近平：《关于建设马克思主义学习型政党的几点学习体会和认识》，《学习与研究》2009年第 12 期。

与毛泽东交流，谈到中国历朝历代"其兴也勃焉，其亡也忽焉"，都没有能跳出"兴亡周期率"。毛泽东表示："我们已经找到新路，我们能跳出这周期率。这条新路，就是民主。只有让人民来监督政府，政府才不敢松懈。只有人人起来负责，才不会人亡政息。"① 习近平总书记也提出：要"始终坚持立党为公、执政为民"，"我们党来自人民、植根人民、服务人民，党的根基在人民、血脉在人民、力量在人民。失去了人民拥护和支持，党的事业和工作就无从谈起"。② 共产党员要"做人民公仆，忠诚于人民，以人民忧乐为忧乐，以人民甘苦为甘苦，全心全意为人民服务"③，并强调"让老百姓过上好日子是我们一切工作的出发点和落脚点"④。"我们的人民热爱生活，期盼有更好的教育、更稳定的工作、更满意的收入、更可靠的社会保障、更高水平的医疗卫生服务、更舒适的居住条件、更优美的环境，期盼孩子们能成长得更好、工作得更好、生活得更好。人民对美好生活的向往，就是我们的奋斗目标。"⑤ 毫无疑问，中国共产党之所以不断走向成功，正是因为她立党为公、执政为民，因为她始终得到人民支持和拥戴。是否忠诚于人民，以谋求人民的福祉为一切工作的出发点和立足点，是检验共产党人的试金石。纵览雨花英烈的伟大事迹，他们始终战斗在第

① 古奉主编：《中国共产党是怎样执政的》，党建读物出版社，2015年，第114页。
② 中共中央文献研究室编：《十八大以来重要文献选编》（上），中央文献出版社，2014年，第309页。
③ 中共中央文献研究室编：《十八大以来重要文献选编》（上），中央文献出版社，2014年，第338页。
④ 中共中央宣传部：《习近平总书记系列重要讲话读本(2016年版)》，学习出版社、人民出版社，2016年，第212页。
⑤ 中共中央文献研究室编：《十八大以来重要文献选编》（上），中央文献出版社，2014年，第70页。

一线，身先士卒，成为人民的表率，遇到危险时勇于承担责任，绝不出卖同志，保护人民安全；许多烈士始终以实现人民幸福为己任，放弃个人荣华富贵，为大家舍小家，以牺牲生命践行了入党为民的诺言；还有许多雨花英烈工作在隐蔽战线上，他们孤独无援，生活困苦，没有保障，还要面对家人的误解、同志的怀疑，然而他们知道肩负的是党和人民的重担，因此死而后已，绝不言悔；一些革命者包括党的领导人因"左"倾错误的影响，受到不公正的对待，但他们临危不惧，忠于党，忠于人民，忍辱负重，冲锋在前，多次挽救革命，使白区的隐蔽斗争取得了巨大的成就。

雨花英烈们之所以用必死的决心投身革命献身革命，就在于他们把人生和理想深深扎入谋求民族振兴、人民幸福的基石之中。他们一切为了人民，因此也就拥有了为民牺牲的大无畏精神，这种精神代表着共产党人的立党宣言，具有与日月同辉的亘久价值和非凡的力量，值得所有共产党人永远汲取和继承弘扬。

四、雨花英烈精神是推动新时代中国特色社会主义事业不断取得更大胜利的红色革命文化基因的重要组成部分

"实现伟大梦想，必须推进伟大事业。中国特色社会主义是改革开放以来党的全部理论和实践的主题，是党和人民历尽千辛万苦、付出巨大代价取得的根本成就。中国特色社会主义道路是实现社会主义现代化、创造人民美好生活的必由之路，中国特色社会主义理论体系是指导党和人民实现中华民族伟大复兴的正确理论，中国特色社会主义制度是当代中国发展进步的根本制度保障，中国特色社会主义文化

是激励全党全国各族人民奋勇前进的强大精神力量。全党要更加自觉地增强道路自信、理论自信、制度自信、文化自信，既不走封闭僵化的老路，也不走改旗易帜的邪路，保持政治定力，坚持实干兴邦，始终坚持和发展中国特色社会主义。"①

雨花英烈精神是革命先烈为了革命理想在雨花台英勇就义过程中形成的具有超越时空的精神品质，蕴含着广泛的实践价值，无论是在革命战争年代，还是在当下的和平发展时期，都具有重要的教育引导与精神鼓舞作用，这些精神品质是红色革命文化中的重要组成部分，红色革命文化基因正是在像雨花英烈精神这样具体的精神价值中代代相传。一代又一代的共产党人在继承的基础上奋发有为，争创无愧于先辈与时代的伟大事业。

在新时代，我们应该继承和弘扬雨花英烈精神，党员干部更应走在前列、重在实践，秉持吃苦在前、享乐在后的理念，全心全意为人民服务，为中国特色社会主义事业服务，努力发展中国特色社会主义民主政治，激发广大人民群众参政议政的热情;深入推进改革开放，建立健全中国特色社会主义市场经济，健全经济体制，充分发挥市场在经济运行中的决定性作用；推进依法治国常态化，建设社会主义法治国家，使得最广大人民群众的根本利益得到切实保障；发展中国特色社会主义文化，充分发挥先进文化的积极引领作用，大力发展文化产业、文化事业，提高全民族的科学文化水平；建设生态文明，切实保护生态环境，建设生态环境良好的人文宜居环境，努力推进中国特

---

① 习近平:《决胜全面建成小康社会 夺取新时代中国特色社会主义伟大胜利》，人民出版社，2017 年，第16—17 页。

色社会主义事业在新的发展进程中更进一步。

"伟大斗争，伟大工程，伟大事业，伟大梦想，紧密联系、相互贯通、相互作用，其中起决定性作用的是党的建设新的伟大工程。推进伟大工程，要结合伟大斗争、伟大事业、伟大梦想的实践来进行，确保党在世界形势深刻变化的历史进程中始终走在时代前列，在应对国内外各种风险和考验的历史进程中始终成为全国人民的主心骨，在坚持和发展中国特色社会主义的历史进程中始终成为坚强领导核心。"① 历史、现实、未来是相通的，历史是过去的现实，现实是未来的历史，在新时代全体党员干部更应该继承和弘扬雨花英烈精神，站在时代前沿，引领风气之先，同心同德向前迈进，为实现中华民族伟大复兴的中国梦而不懈努力。

---

① 习近平：《决胜全面建成小康社会 夺取新时代中国特色社会主义伟大胜利》，人民出版社，2017 年，第 17 页。

主要参考文献

[1]《马克思恩格斯选集》（一～四），人民出版社，1995年。

[2]《毛泽东选集》（一～四），人民出版社，1991年第二版。

[3]《邓小平文选》（第一卷）（第2版），人民出版社，1994年。

[4]《邓小平文选》（第二卷）（第2版），人民出版社，1994年。

[5]《邓小平文选》（第三卷），人民出版社，1993年。

[6]《习近平谈治国理政》（第一卷）（第2版），外文出版社，2018年。

[7]《习近平谈治国理政》（第二卷），外文出版社，2017年。

[8] 中共中央文献研究室编：《习近平关于实现中华民族伟大复兴的中国梦论述摘编》，中央文献出版社，2013年。

[9] 中共中央宣传部编：《习近平总书记系列重要讲话读本（2016年版）》，学习出版社、人民出版社，2016年。

[10] 中共中央文献研究室编：《十八大以来重要文献选编》（上），中央文献出版社，2014年。

[11] 中央档案馆编：《中共中央文件选集》（第1册），中共中央党校出版社，1982年。

[12] 中共中央党校党史教研室资料组编：《中国共产党历次重要会议集》（上），上海人民出版社，1982年。

[13] 中共中央党校党史教研室资料组编：《中国共产党历次重

要会议集》（下），上海人民出版社，1983 年。

[14] 邓中夏：《邓中夏文集》，人民出版社，1983 年。

[15] 林代昭、潘国华编：《马克思主义在中国——从影响的传入到传播》（上、下册），清华大学出版社，1983 年。

[16] 宋易风主编：《延安精神概论》，陕西人民出版社，1991 年。

[17] 杨河主编：《中国共产党革命精神史读本（新民主主义篇）》，人民出版社，2014 年。

[18] 刘继贤、张全启主编：《毛泽东军事思想原理》，解放军出版社，1995 年。

[19] 张丁主编：《红色家书》，中国画报出版社，2006 年。

[20] 中共南京市委党史工作办公室、中共南京市委组织部编：《南京党史八十年——中共南京地方简史读本》，江苏人民出版社，2001 年。

[21] 中共南京市委党史资料征集编研委员会办公室、南京雨花台烈士陵园管理处编：《南京英烈》（第 1 辑），南京工学院出版社，1987 年。

[22] 中共南京市委党史资料征集编研委员会办公室、南京雨花台烈士陵园管理处编：《南京英烈》（第 2 辑），1989 年。

[23] 雨花台烈士陵园管理局编：《雨花英烈文集》，南京出版社，2016 年。

[24] 雨花台烈士陵园管理局编：《雨花英烈家书》，南京出版社，2016 年。

[25] 雨花台烈士陵园管理局编：《雨花英烈家书·2》，南京出版社，2017 年。

[26] 雨花台烈士陵园管理局编:《雨花英烈诗词》,南京出版社,2017年。

[27]《雨花英烈画传》编委会编:《雨花英烈画传 3》,南京出版社,2015年。

[28] 曹劲松主编:《信仰的力量——雨花先烈事迹选编》,南京出版社,2015年。

[29] 谢崇禄、范祖贵:《冷少农传》,江苏人民出版社,2016年。

[30] 邹雷:《飙风铁骨:顾衡烈士传》,江苏凤凰文艺出版社,2016年。

[31] 张晓惠:《碧血雨花飞:郭纲琳烈士传》,江苏凤凰文艺出版社,2016年。

[32] 南京大学文化与自然遗产研究所:《雨花台烈士陵园红色文化发展规划纲要》,2017年。

[33] 贺云翱:《雨花英烈精神解读》讲课件(未刊稿),2017年。

[34] 徐焰:《国共隐蔽战线较量真相》,《文史参考》2010年第22期。

后 记

本书的写作源起于 2014 年 12 月习近平总书记在江苏考察期间的讲话："在雨花台留下姓名的烈士就有 1519 名。他们的事迹展示了共产党人的崇高理想信念、高尚道德情操、为民牺牲的大无畏精神。要注意用好用活丰富的党史资源，使之成为激励人民不断开拓前进的强大精神力量。"总书记的讲话被概括为"两高一大"的"雨花英烈精神"。本书以总书记的"两高一大"为纲，以雨花英烈事迹为据，以中国共产党人早期奋斗经历为背景，系统研究雨花英烈精神的形成过程与内涵认知、思想文化渊源与诞生的社会历史背景、历史地位与时代价值等，并把"雨花英烈精神"放到中国共产党人的精神谱系中加以比较，试图揭示"雨花英烈精神"与"革命文化""文化自信"的内在关系，探索雨花英烈精神的现代性位置。

曾记得在 2017 年 6 月 5 日，雨花台烈士陵园管理局的杨永清副局长等同志受中共南京市委委托，来到南京大学文化与自然遗产研究所，邀请我在南京雨花台干部学院成立大会上做有关"雨花英烈精神"的学术报告，当时在场的南京大学历史学院党总支书记孙江林同志对此也十分支持。此后我便开始了备课工作。我所从事的专业主要是考古学和古代史研究，但在 1983 年到 1987 年期间，曾在江苏省级机关党校、南京市业余工业大学等学校讲授过中国古代史和中国近代史课程，积累了一些有关革命历史的背景知识，近些年在江苏、福建、江西、安徽、重庆、湖北、新疆、浙江及南京等地从事文化遗产保护调研中，也高度关注革命文物及红色遗产问题，参与过多个相关课题。近年我们研究所承担了《南京雨花台红色遗产保护规划》课题，使我对雨花英烈事迹作了较多了解。为此，当时我便接受了南京市委的委托及雨花台烈士陵园管理局的邀请。那段时间，我正在进行新疆伊犁地区的文化遗产调研工作，备课工作基本上是在出差途中和夜间进行的，在阅读和整理雨花英烈的事迹之中，思考着中华民族从古代到近代再到现代的命运的跌宕起伏，思考着"雨花英烈精神"的历史渊源、深刻内涵和当代意义，时常被英烈的精神所深深打动。到2017年6月28日上午，在南京雨花干部学院举行挂牌仪式及时任中共南京纪委书记龙翔同志讲话后，我便以《"丹心贯日情如海 碧血雨花气若虹"——"雨花英烈精神"解读》为题，给与会同志做了雨花台干部学院的首场报告，报告受到了听课者的高度好评。此后，我还就此先后应邀在中共南京市委党校、共青团江苏省委青年干部培训班等场所讲课，均受到听课同志的欢迎。2017年6月28日晚，雨花台烈士陵园管理局的赵永艳局长提出，与我们合作开展"雨花英烈精神解读"的课题研究，此后我们双方又做了多次沟通和协商，不断推动课题的深入，最终在2018年6月形成了可供正式出版的课题成果。

本书的主要框架和基本内容来自我在2017年6月28日的报告，但是在此后的研究中，我们研究所课题组的同志们又进一步搜集历史资料，细化具体内容，同时还认真学习了《习近平总书记系列重要讲话读本》、《习近平谈治国理政》及党的十九大报告等，力求把"雨花英烈精神"放在新时期的背景下加以阐释,在认识中国共产党革命与建设史及中国共产党执政规律的基础上体现它特定的时代视角和时代价值。

当然,本书还凝聚了众多学者的劳动成果。

在课题报告初步完成后,雨花台烈士陵园管理局专门组织召开专家论证会,邀请了原中央党史研究室第一研究部副主任(主持工作)王相坤、中共中央文献研究室科研管理部原主任刘金田、北京党性教育创新联合工作室专家李凯城、江苏省委党史工办副主任吴逯隆、江苏省委宣传部宣教处处长公永刚、江苏省新闻出版广电局出版管理处处长孙敏、南京市委党校校务委员郭榛树、江苏省委党史工办原副主任及雨花英烈研究专家赵一心等专家参加论证会,与会专家在充分肯定我们提交的课题成果的同时,也为成果的正式出版做如何的修改和完善提出了许多宝贵的建设性意见,在此深表感谢!

我们还要感谢雨花台烈士陵园管理局的赵永艳局长、杨永清副局长等领导的大力支持与帮助,在课题进行过程中,我们做过多次的交流和商讨,这本书吸纳了他们的诸多建议和智慧!

我们也非常感谢雨花英烈研究院的向媛华、赵璜、郭蕊等三位同志,他们在书稿的文字审校和图片的提供方面做了许多卓有成效的工作;我们要感谢雨花台干部学院的陈俊峰副院长、冯健处长、赵静部长以及房亚萍等同志,他们为本书编辑出版的后期工作提供了很多帮助;同时,我们还要感谢中国第二历史档案馆郭必强研究员,他为本书的文字审校方面做了许多工作!

最后,我要感谢我们研究所的干有成、李志平、黄文浩、夏连杰、陈静、殷俊、曹洁、陈云、张光燕、万圆圆等同志,他们在书稿的内容补充、图文编辑、文字校对、修改完善及野外调查等方面做了大量工作！

我们十分感谢江苏人民出版社对本书的厚爱，把她列入出版计划！

这本书中肯定还存在着许多不足，希望得到方家的指教！现在的成果只是我们的第一步，今后我们会继续研读雨花英烈的资料，思考"雨花英烈精神"所蕴含的历史真谛和当代价值，吸取其中的营养，以为国家进步文化的建设尽绵薄之力！

贺云翱

2019 年 1 月 16 日

于南京大学文化与自然遗产研究所